«Nadie puede entrelazar los principal
Biblia con las luchas diarias que todos
amigo Sammy Rodriguez. *Milagros en (*
gada para todo creyente para la hora e.
Jentezen Franklin, pastor principal de Free Chapel;
autor de *best sellers* del *New York Times*

«La visión espiritual es esencial en la oscuridad del mundo que nos
rodea. *Milagros en el desorden* nos invita a vivir en la luz y a experimentar tanto la visión como la perspicacia, ya que Samuel Rodriguez
nos abre los ojos a la realidad de ver lo que no se ve y lo que más
importa. ¡Me encanta este libro y su tema!».
Dr. Jack Graham, pastor principal de la
Iglesia Bautista Prestonwood

«¿Cuándo experimentamos a Dios obrando en nuestras vidas?
¿Cuando todo va bien? ¿Cuando somos felices y saludables? Mi
amigo Sammy Rodriguez señala sabiamente que Jesús lleva a cabo
su mejor obra en medio de nuestra lucha: solo necesitamos ojos
para verlo. ¡Deja que *Milagros en el desorden* te guíe y te dé la perspectiva que necesitas para permitir que Dios convierta tu desorden
en un mensaje!».
Greg Laurie, pastor principal de Harvest Christian Fellowship

«Si te encuentras luchando en la vida y te cuesta creer en Dios para
salir de tu crisis, este libro, *Milagros en el desorden*, ¡te dará las herra-
mientas para salir del pozo y encaminarte hacia la victoria!».
Cindy Jacobs, cofundadora y presidenta de Generals International

«Si alguna vez te has sentido descalificado para hacer grandes cosas
para Dios, el libro del pastor Samuel *Milagros en el desorden* te ani-
mará y empoderará. Descubrirás que tus mayores milagros germinan
en lugares "desordenados", convirtiéndolos en una parte crucial de tu

viaje hacia el destino que Dios te ha dado. Recomiendo encarecidamente este libro».

Russell Evans, pastor principal, Planetshakers Church

«El pastor Samuel Rodriguez es una de las voces proféticas más importantes de nuestra generación. Su nuevo libro, *Milagros en el desorden*, es una lectura obligada. En este emocionante volumen, el pastor Sam lleva al lector en un viaje para ayudarnos a ver el poder de Dios obrando en nuestra situación actual o desorden. Utiliza relatos de personas ciegas en la Biblia para ayudar a abrir nuestros ojos a la promesa milagrosa de Dios. Después de leer *Milagros en el desorden*, nunca verás tu situación de la misma manera. Fui bendecido por este libro, y tú también lo serás».

Dr. William M. Wilson, presidente de la Universidad Oral Roberts

«¡Guau! Este fantástico libro nos abre los ojos a quiénes somos en Cristo y a lo que Dios está haciendo en todo el desorden, en nosotros y en nuestro mundo. El pastor Samuel, mi querido amigo, una voz para nuestra generación, tiene una visión única para la Iglesia que necesitamos escuchar y "ver". Sé que este mensaje ayudará a que la oración de Pablo, "los ojos de [nuestros corazones] sean iluminados", se cumpla en ti y en mí hoy».

Phil Pringle, pastor principal y fundador, C3 Church Global

«El reverendo Samuel Rodriguez es una de las figuras cristianas más impactantes de la historia moderna. Muchos líderes pretenden influir en su generación para bien. El reverendo Rodriguez ha ayudado a formar la suya como líder indiscutible del movimiento evangélico latino, que está creciendo explosivamente».

Reverendo Johnnie Moore, autor de *The New Book of Christian Martyrs*

«El pastor Sam tiene una forma única de articular la verdad de una manera que la hace accesible a lectores de todos los niveles de experiencia, comprensión y antecedentes. En *Milagros en el desorden*, brilla su pasión por ver a todos los hijos de Dios prosperar. Este libro es un recordatorio de que, no importa en qué punto del camino te encuentres, puedes esperar un milagro».

Kevin Sorbo, actor, director y autor

«En estos tiempos turbulentos, los cristianos necesitan la vista espiritual más que nunca. Utilizando ejemplos bíblicos, testimonios personales y promesas proféticas, el pastor Sam nos muestra cómo ver lo invisible para discernir la obra de Dios en nuestras vidas. Independientemente de los desafíos que enfrentemos o de las circunstancias en las que nos encontremos, encontraremos estrategias y principios espirituales para convertir nuestro desorden en un milagro».

Pastor Luke Barnett, pastor principal, Dream City Church

«Cuando los ojos de tu corazón están abiertos, verás el mundo y a ti mismo desde la perspectiva de Dios. El Espíritu Santo te quiere animar, iluminar y empoderar con cambios que dan vida. Eres un transformador de cultura. Este libro es teología en llamas».

Jesse Bradley, pastor principal, Grace Community Church; evangelista; creador de Reviving Hope

MILAGROS EN EL DESORDEN

El proceso es transitorio;

la promesa es permanente

SAMUEL RODRIGUEZ

Chosen

a division of Baker Publishing Group

www.ChosenBooks.com

Publicado por Chosen Books
Minneapolis, Minnesota
www.chosenbooks.com

Chosen Books es una división de
Baker Publishing Group, Grand Rapids, Michigan

Impreso en los Estados Unidos de América

Originalmente publicado en inglés con el título: *Your Mess, God's Miracle*

Library of Congress Cataloging-in-Publication Data
Names: Rodriguez, Samuel, author.
Title: Milagros en el desorden: el proceso es transitorio, la promesa es permanente / Samuel Rodriguez.
Other titles: Your mess, God's miracle. Spanish
Description: Minneapolis, Minnesota: Chosen Books, a division of Baker Publishing Group, [2023] | Includes bibliographical references.
Identifiers: LCCN 2022055740 | ISBN 9780800762087 (paperback) | ISBN 9781493440849 (ebook)
Subjects: LCSH: Faith—Religious aspects—Christianity. | Conduct of life—Religious aspects—Christianity. | Hope—Religious aspects—Christianity | Christian life.
Classification: LCC BV4637 .R62318 2023 | DDC 234/.23—dc23/eng/20220930

Diseño de la cubierta por Darren Welch Design
Traducción al español por TLM Editorial, Inc.

Las publicaciones del Grupo Baker Publishing utilizan papel producido a partir de prácticas forestales sostenibles y residuos postconsumo siempre que sea posible.

23 24 25 26 27 28 29   7 6 5 4 3 2 1

A Lauren, mi torniquete, mi sol, la niña de papá. ¡Ve a cambiar el mundo!

Contenido

Prólogo

Cuando Sammy Rodriguez y yo comenzamos nuestra amistad, rápidamente aprendí que él es uno de los líderes más enseñables que he conocido. Es un hombre de Dios responsable y humilde que se esfuerza por vivir una vida de integridad. Lo sé porque, hace años, Sammy me pidió que fuera uno de sus mentores. Me sentí honrado y privilegiado de que me lo pidiera, y me impresionó aún más su deseo de crecer verdaderamente en su relación con Dios. Quería ser responsable como esposo, padre, pastor y líder. Hasta el día de hoy, me dice: «No olvides que puedes llamar a mi esposa en cualquier momento y preguntarle cómo estoy».

Sammy y yo tenemos una gran relación y una tremenda amistad, y nos aseguramos de conectarnos tan a menudo como podemos. Hay muchas veces que estamos en un evento juntos y nos vemos desde el otro lado de la sala, y hacemos una línea hacia el otro para abrazarnos. Cada vez que lo veo, siento que estoy con un hermano.

Es fácil ver que Dios ha puesto un toque especial en la vida de Sammy. Cuando pienso en mi amigo, me acuerdo de lo que dice la Biblia sobre Juan el Bautista: «Dios envió a un hombre llamado Juan el Bautista» (Juan 1:6). Sería fácil para un hombre como este no permanecer humilde y enseñable, pero al leer las páginas de este libro que invita a la reflexión, ustedes sentirán la voz de un hombre que dirige con humildad y tiene un fuerte conocimiento de la Palabra de Dios. Es notable ver la cantidad de Escrituras que Sammy fue capaz de poner en este libro junto con formas increíblemente prácticas para aplicarlas. Su objetivo es ayudar a la gente a crecer personalmente *y* en su relación con el Señor, y a ver un atisbo de la obra *permanente* que Él está haciendo en sus vidas.

Como alguien que ha dirigido una iglesia durante más de dos décadas, he visto cómo muchas personas de mi congregación se desesperan y se estancan cuando se encuentran en circunstancias complicadas. Una de las claves para ayudar a las personas en estas situaciones es ayudarles a quitar los ojos de sus problemas y ponerlos en Jesús. En este libro, Sammy hace un excelente trabajo invitando a los lectores a no confundir el viaje temporal con el destino final.

Hay tanta necesidad de que las personas que están en el cuerpo de Cristo caminen en la fe y sepan que Dios tiene un plan y un propósito para sus vidas. Si hay un área de tu vida en la que crees que has metido la pata y no puedes ser redimido, estoy aquí para decirte que ¡no puedes meter la pata demasiado para Dios! Él tiene un plan más grande para tu vida de lo que podrías imaginar. De hecho, la Biblia está llena de historias sobre cómo Dios saca a las personas de sus líos y los restaura, como el ciego que Jesús sanó escupiendo en la tierra y poniendo una mezcla de barro en sus ojos. Al leer las siguientes páginas, verás que Sammy vuelve a esta historia una y otra vez. Esta es una historia tan importante y fundamental porque hay muchas áreas en nuestras vidas en las que hemos sido cegados y nos encontramos en un lío.

A medida que avanzas en este libro, te animo a que le pidas al Espíritu Santo que abra tu corazón y tus ojos para ver cualquier área que necesite ayuda. Permite que Él comience a trabajar en tu corazón para que puedas experimentar un avance. Si te encuentras en un lío, ya sea uno que hayas hecho o una circunstancia que no puedas controlar, creo que Dios quiere hacer un milagro en tu vida. Ruego que al leer las palabras de Sammy, permitas que Dios entre en tu desorden y abra tus ojos.

Robert Morris
Pastor principal de la Iglesia Gateway, autor de los *best sellers Una vida de bendición, El Dios que nunca conocí, Más allá de toda bendición* y *Tómese el día libre*

A ciegas

Abre tus ojos a tu ceguera

Nuestro Dios no es solo el Dios que restaura.
¡Nuestro Dios es un Dios que nos da lo que
nunca hemos tenido!

Aprender a ver es un proceso que dura toda la vida. Físicamente, tu visión se desarrolla normalmente durante los dos primeros años de vida si tus ojos están sanos. Al igual que los bebés deben aprender a caminar y a hablar, ellos aprenden a ver cuando sus ojos empiezan a trabajar en conjunto para distinguir el mundo que los rodea a medida que su cuerpo crece y madura. Durante los primeros cuatro meses, los bebés se sienten atraídos por las formas grandes y los colores brillantes, pero normalmente no pueden discernir la profundidad y la distancia. Poco a poco, empiezan a seguir objetos y personas en movimiento y a alcanzarlos, lo que constituye la génesis de la coordinación ojo-mano.

Alrededor de los cinco meses, los ojos de los bebés trabajan en sincronía para producir una percepción tridimensional de su entorno. Los bastones y los conos de sus ojos se desarrollan más plenamente para que los colores se vean más vivos en una variedad de matices y tonos. Cuando se acercan a su primer cumpleaños, muchos bebés han pasado de gatear a caminar, lo que contribuye a su coordinación y a su capacidad para juzgar las distancias dentro de su campo de visión. Al cumplir los dos años, los pequeños pueden ver sorprendentemente bien, y la coordinación ojo-mano, así como la percepción de la profundidad, suelen estar plenamente desarrolladas.[1]

Sin embargo, aprender a ver es algo más que el desarrollo físico de nuestros ojos, porque hay muchas formas de ver.

Los ojos de tu corazón

Intelectualmente, ver suele ser sinónimo de observar, comprender y procesar los datos que los sentidos transmiten al cerebro. Las personas que logran esto ven conexiones y llegan a conclusiones, a menudo filtrando lo que sus ojos ven o leen con sus experiencias y observaciones personales. Este tipo de percepción les permite resolver problemas complejos y reconocer la forma en que encajan las piezas del rompecabezas, ya sea de forma lógica y lineal o con un método más asociativo e intuitivo.

Cuando se trata de tus emociones, la visión se refiere a la empatía, la compasión y la conciencia de tus propios sentimientos y los de los demás. En los últimos años, la expresión «inteligencia emocional» ha pasado de ser una expresión de moda en el ámbito del liderazgo a un concepto generalizado, que hace referencia a la capacidad, tanto innata como cultivada, de reconocer las emociones de los demás y ver los problemas y las situaciones a través de sus ojos. La visión emocional te permite leer el lenguaje corporal e interpretar lo que no se dice, traduciendo lo que está escrito entre líneas para una mayor claridad y comprensión de la comunicación entre individuos y dentro de los grupos.

Espiritualmente, la visión va más allá de nuestros sentidos y capacidades físicas, intelectuales y emocionales, y se convierte en una cuestión de fe, que madura con el tiempo a medida que aprendemos a confiar en Dios para todo lo que necesitamos y en todos los ámbitos de nuestra vida. La fe requiere confianza en lo que normalmente no puede ser visto por nuestras facultades humanas. «La fe demuestra la realidad de lo que esperamos; es la evidencia de las cosas que no podemos ver» (Hebreos 11:1).

Dirigiéndose a los seguidores de Jesús que vinieron después de su ascensión al cielo, Pedro escribió: «Ustedes aman a Jesucristo a pesar de que nunca lo han visto. Aunque ahora no lo ven, confían en él y se gozan con una alegría gloriosa e indescriptible. La recompensa por confiar en él será la salvación de sus almas» (1 Pedro 1:8-9). Con un objetivo similar, Pablo animó a los creyentes de Éfeso: «Pido que les inunde de luz *el corazón*, para que puedan entender la esperanza segura que él ha dado a los que llamó» (Efesios 1:18, énfasis añadido).

Está claro que la visión espiritual no depende de la precisión de nuestros órganos oculares, los ojos. Independientemente de lo bien que funcionen nuestras pupilas, iris y córneas en armonía con nuestros nervios ópticos, podemos vislumbrar el poder, la presencia y el propósito de Dios en nuestras vidas si caminamos con fe por el poder del Espíritu Santo. Por el contrario, la visión física de una persona puede ser 20/20 mientras permanece ciega a los asuntos espirituales. No importa qué tan saludable, rico y cauteloso sea alguien, su visión espiritual depende de su relación con Jesucristo.

A veces no puedes leer la letra pequeña, pero puedes ver claramente lo que más importa. A veces puedes leer perfectamente la tabla de visión ocular, pero permaneces ciego a tu propio corazón.

Dosis divina de doble visión

Esta condición doblemente irónica de ser ciego y ver, comparada con la de ver pero ser ciego, está en el centro de uno de los milagros más profundos y provocadores de Jesús. De hecho, la situación que rodea a este milagro es tan fascinante como el método que Jesús empleó para dar la vista a un ciego que encontró. Este encuentro ilustra la colisión convergente de la sanación física y la ceguera espiritual y explora el dilema del sufrimiento humano desde una perspectiva eterna. Fíjate en la secuencia de los acontecimientos:

Mientras caminaba, Jesús vio a un hombre que era ciego de nacimiento.

—Rabí, ¿por qué nació ciego este hombre? —le preguntaron sus discípulos—. ¿Fue por sus propios pecados o por los de sus padres?

—No fue por sus pecados ni tampoco por los de sus padres —contestó Jesús—. Nació ciego para que todos vieran el poder de Dios en él. Debemos llevar a cabo cuanto antes las tareas que nos encargó el que nos envió. Pronto viene la noche cuando nadie puede trabajar; pero mientras estoy aquí en el mundo, yo soy la luz del mundo.

Luego escupió en el suelo, hizo lodo con la saliva y lo untó en los ojos del ciego. Le dijo: «Ve a lavarte en el estanque de Siloé» (Siloé significa «enviado»). Entonces el hombre fue, se lavó, ¡y regresó viendo!

Juan 9:1-7

Por un lado, la narración es sencilla y directa. Cuando Jesús y sus discípulos estaban paseando, vieron a un hombre ciego de nacimiento. Los discípulos le preguntaron a su Maestro la causa de la condición congénita del hombre, y probablemente Jesús los sorprendió con su respuesta. Luego escupió en el suelo, lo que probablemente no era lo que nadie esperaba, hizo barro con su saliva y la tierra, y luego extendió el barro sobre los ojos del ciego. Entonces Jesús le dijo al hombre, con los ojos todavía cubiertos por esta máscara de barro, que se lavara en el cercano estanque de Siloé. El hombre fue allí, se lavó y volvió *viendo*.

Considerado desde otra perspectiva, vislumbramos un paradigma de cómo Dios a menudo elige encontrarse con nosotros en el fango y el barro de nuestras mayores pruebas y producir un milagro de sanación y plenitud. Y no sé tú, pero incluso después de leerlo y reflexionar sobre él docenas de veces, este encuentro me sigue pareciendo intrigante. Porque el ciego presentó una oportunidad no solo para el milagro de la sanación, sino para abordar el origen de su condición. Además de esta dosis divina de doble visión, la forma en que Jesús sanó a este hombre es, como mínimo, inesperada.

En primer lugar, Jesús escupe en el suelo, lo que no era más habitual ni socialmente aceptable que ahora. Sencillamente, es algo sucio. No solemos pensar en el Hijo de Dios, nuestro Señor y Salvador, realizando una acción que probablemente se considere descortés para la mayoría de los estándares sociales y culturales. Recuerdo que, de niño, mi madre me regañaba si me veía estornudar sin pañuelos de papel o, Dios no lo quiera, escupir el chicle, y mucho menos dejar una buena cantidad de saliva en la acera. Los niños respetuosos y bien educados no escupían, al menos no en público.

Como si escupir no fuera suficiente para llamar la atención de los discípulos y otros que se detuvieron a observar, Jesús usó su saliva para hacer un pequeño charco de barro. Lo que ya era desordenado se volvió más desordenado. De nuevo, no conozco tus hábitos, y después de leer lo que Jesús hizo aquí, nunca te juzgaría. Sin embargo, la mayoría de los adultos no escupen y luego se agachan y utilizan la solución salival que acaban de expulsar para hacer barro. Quiero decir que el barro hecho de forma natural —con tierra y lluvia— ya es bastante malo, ¿no? A la mayoría de nosotros no nos gusta pisar charcos de barro y ensuciarnos los zapatos, pero ahí estaba Jesús mezclando deliberadamente una pila.

Su peculiar comportamiento fue un paso más allá: *Jesús puso el barro en los ojos del ciego.* Aquí estamos llegando a la máxima suciedad, lo que la mayoría de nosotros consideraría francamente asqueroso. Si viéramos a uno de nuestros hijos escupir en el patio de recreo, hacer un pequeño pastel de barro y luego empezar a untarlo en los ojos de otro niño, nos apresuraríamos a detenerlo antes de que pudieras decir: «¡Tiempo fuera!». Pero este no era un niño pequeño improvisando pintura de dedos café. Se trataba de un hombre adulto, el Mesías, el Hijo de Dios.

De desordenado a milagroso

O piensa en este incidente desde otro punto de vista. Considera cómo te sentirías si hubieras estado en las sandalias del ciego.

Eres ciego de nacimiento, así que nunca has sido testigo de los gloriosos colores rojos y dorados de un amanecer. Nunca has mirado el rostro de tus padres, familiares y amigos. Nunca has vislumbrado la vitalidad de un arco iris que se arquea en un cielo turquesa. Nunca has visto tu reflejo en un espejo ni la comida que te llevas a la boca. La oscuridad es todo lo que conoces.

Entonces, un día estás sentado junto a una esquina concurrida, seguramente mendigando porque no puedes trabajar, cuando llega un grupo de desconocidos. Los oyes hablar y discutir una pregunta que te has planteado muchas veces. *¿Por qué yo? ¿Por qué nací ciego cuando la mayoría de los demás pueden ver?* Lo siguiente que sabes es que uno de los desconocidos se agacha, toca algo en el suelo y lo coloca sobre tus ojos. Y ese algo se siente pegajoso y terroso como... ¿barro?

Sí, no cabe duda de que el método poco ortodoxo de Jesús despertó la curiosidad de todos. Y como Hijo de Dios, ciertamente no tenía que sanar al hombre de esta manera; podría haber sanado al ciego instantáneamente sin decir una palabra. Por lo tanto, el hecho de que Cristo eligiera hacerlo de esta manera debe ser significativo: amplifica el mensaje que entrega con un manantial de esperanza para nosotros hoy.

Independientemente de lo que el ciego pensara o sintiera en ese momento mientras la pasta fresca de tierra y saliva divina envolvía sus ojos cerrados, no hay indicación alguna de que dudara cuando Jesús le indicó que fuera al estanque de Siloé y se lavara. Y su inquebrantable obediencia fue recompensada con el don de la vista, algo que no había experimentado hasta ese momento.

¿Te lo imaginas allí, salpicando el agua del estanque, enjuagando la máscara sucia que goteaba por su cara? Sin embargo, mientras seguía salpicando agua en su cara, de repente pudo percibir un cambio, algo era diferente. Tras sacudir los párpados, sintió que la luz entraba en sus pupilas mientras se formaban siluetas borrosas: ¡podía ver! No solo podía ver, sino que podía ver perfectamente, con el tipo de claridad, colores y coherencia que solo podía provenir del Dios Viviente. Sí, la técnica utilizada parecía un poco delirante, pero los resultados eran innegables.

POR MUY DESORDENADO QUE FUERA EL MÉTODO, EL MAESTRO HABÍA LOGRADO UN MILAGRO.

Por muy desordenado que fuera el método, el Maestro había logrado un milagro.

Puntos ciegos y vendas

Espero que nunca hayas experimentado la ceguera. Sin embargo, la mayoría de nosotros hemos soportado momentos en los que nos hemos sentido en la oscuridad, incapaces de ver dónde estábamos o cómo proceder. Al igual que la vista tiene muchas capas e implicaciones metafóricas, la ceguera también las tiene. Y a veces la peor clase de ceguera es la que escapa a tu conciencia. Si quieres experimentar una intimidad más profunda con Dios, un camino más cercano con tu Salvador y una mayor confianza en el Espíritu Santo, entonces debes estar dispuesto a abrir los ojos a las áreas de ceguera en tu vida.

Todos hemos oído hablar de los puntos ciegos y de estar sorprendidos, lo que nos recuerda que, por muy bien que creamos ver y saber lo que ocurre en nuestras vidas, rara vez podemos ver todo lo que ocurre; al menos, no de forma natural. A veces podemos sentirnos sorprendidos por circunstancias tan repentinas e inesperadas que nos dejan tambaleándonos. Que te despidan del trabajo cuando acabas de recibir una excelente evaluación de tu jefe. Oír a tu mejor amigo chismorrear con otros sobre un secreto que compartiste en confianza. Enterarte de la traición de tu cónyuge cuando sentías que el amor entre ustedes era inquebrantable. Descubrir la adicción de tu hijo adolescente a los medicamentos recetados robados de tu propio botiquín.

Otros tipos de ceguera suelen ser el resultado de nuestra falta de voluntad para ver lo que tenemos frente a nosotros. Ya sea por miedo, incertidumbre, negación o por un intento de controlar nuestras vidas, ignoramos los dolores y los primeros síntomas de nuestros cuerpos, fingiendo que no nos pasa nada para no tener que ir al médico a que nos examine. Temerosos de enfrentarnos a nuestro compañero de trabajo por el déficit de presupuesto, fingimos ignorancia hasta que alguien nos acusa de desfalco o apropiación indebida de fondos. Al no querer hablar de nuestros sentimientos dolorosos con nuestro cónyuge, dejamos que el silencio crezca hasta que escasamente nos conocemos.

Incluso cuando has invitado a Jesús a tu vida como Señor y Salvador y has acogido al Espíritu Santo para que habite en tu corazón, puedes seguir experimentando momentos de ceguera. Estos incluyen momentos en los que te niegas a recordar la verdad para justificar el haber cedido a la tentación. Días en los que te dices a ti mismo que no hay consecuencias por los secretos que guardas. Momentos en los que no puedes ver lo mucho que te estás alejando de Dios cuando dejas de ir a la iglesia. Cuando te juntas con personas que te animan a hacer cosas que sabes que Dios no quiere que hagas. Cuando recurres a viejos hábitos y adicciones para adormecer el dolor de las tormentas de la vida. Cuando ignoras las consecuencias —en el trabajo, en la casa, en la escuela o en la iglesia— hasta que no se pueden ignorar.

El encuentro entre Jesús y el ciego nos recuerda que debemos examinar nuestros puntos ciegos y ejercitar nuestra visión espiritual tanto como sea posible. La ceguera es una condición que puedes experimentar cuando retiras tus ojos de Jesús. Cuando el éxito en tu trabajo eclipsa tu compromiso de amar y servir a tu familia como sabes que Dios quiere que lo hagas. Cuando enfocarte en tu posición social y popularidad en las redes sociales consume el tiempo que antes pasabas con Él en oración. Cuando perseguir el dinero u obsesionarte con lo que no tienes eclipsa la gratitud por las muchas bendiciones que Dios sigue derramando en tu vida. Cada vez que pierdes de vista a Dios, el diablo trata de taparte los ojos de la verdad.

Tejidos falsos

Uno de los tejidos más efectivos que utiliza el enemigo para cegarte es la desesperación. Si puede convencerte —o hacerte convencer a ti mismo, como suele ocurrir— de que tus circunstancias no tienen remedio, entonces sabe que tu visión espiritual está dañada. Cuando no puedes ver ninguna manera de salir de la relación abusiva, el enemigo te está vendando los ojos. Cuando estás listo para rendirte financieramente porque crees que nunca podrás salir de tus deudas, eso es el diablo oscureciendo tu visión espiritual. Cuando los médicos han agotado los tratamientos conocidos y te han dejado retorciéndote en la agonía de la condición de tu cuerpo, entonces Satanás quiere que creas que tu situación no tiene remedio. Cuando anhelas cambiar de profesión pero temes no poder correr un riesgo tan audaz, el enemigo disfruta manteniéndote estancado.

Otro tejido que el enemigo utiliza para cegarnos a la verdad de Dios es la vergüenza y la falsa culpa. Si el diablo puede tejer estas dos pesadas cargas juntas en una densa mortaja, entonces sabe que eventualmente te derrumbarás bajo su peso. Esta no es la santa convicción de una conciencia sana que surge del Espíritu Santo en ti. No, el enemigo quiere que te sientas culpable innecesariamente, incluso después de haber pedido y recibido el perdón de Dios y de aquellos a los que has ofendido. Satanás quiere marginarte no solo provocando sentimientos de culpa por lo que has hecho, sino creando vergüenza por lo que eres. La culpa se relaciona con lo que has hecho; la vergüenza va al núcleo de tu identidad.

Cuando estás cegado por la vergüenza y la falsa culpa, eres susceptible a las mentiras del diablo que borran tu percepción de la verdad. «Eres tan débil y necesitado que nunca permanecerás limpio y sobrio», susurran los demonios. «Nunca administrarás bien el dinero, así que ¿por qué no dejas de intentarlo? Eres un perdedor que nació pobre y morirás pobre. Nunca podrás salir de las deudas, así que más vale que compres lo que puedas mientras puedas».

Y cuando el enemigo empieza a atacar tu valor, entonces la oscuridad parece más espesa que nunca. «Eres patético, nadie te querrá nunca. Y menos cuando sepan quién eres realmente. Has metido la pata demasiadas veces para que te perdone de nuevo. Una vez que vean quién eres realmente, serás rechazado y abandonado».

El enemigo de tu alma incluso tratará de usar la vergüenza para cegarte a la verdad de cómo te ve Dios. «Si Dios te ama tanto, ¿por qué no te ayuda a superar esta adicción? ¿Por qué sigues luchando en tu matrimonio? ¿Con tus hijos? ¿En tu trabajo?». Una vez que las semillas de la duda son sembradas, comienzan a echar raíces y tratan de bloquear tu visión de quién Dios dice que eres. El diablo te dice que eres un mentiroso, un ladrón, un chismoso, un tramposo, un fornicador, un adúltero, un asesino o un desastre sin esperanza que nunca podrá ser amado o redimido. Pero esto simplemente no es cierto.

Las viejas etiquetas pueden haber reflejado algunos de tus comportamientos pasados, pero nunca podrán definirte una vez que hayas experimentado la gracia de Dios y el poder residente del Espíritu Santo. La Biblia lo deja claro: «Algunos de ustedes antes eran así; pero fueron limpiados; fueron hechos santos; fueron hechos justos ante Dios al invocar el nombre del Señor Jesucristo y por el Espíritu de nuestro Dios» (1 Corintios 6:11). No permitas que las acusaciones del diablo te cieguen a lo que realmente eres.

Porque no eres quien solías ser.
No estás donde estabas.
No eres como solías ser.
No eres lo que otros te hicieron.
No eres lo que te hiciste a ti mismo.
Eres quien Dios dice que eres.
Eres lo que Dios dice que eres.

No se trata de cómo te ven los demás o cómo te ves tú mismo, se trata de quién eres en Cristo. Cuando sabes quién eres en Cristo, entonces nunca serás cegado por las viejas etiquetas y las mentiras del diablo. Tu identidad en Cristo pondrá fin a tu ceguera.

Es el momento: hoy es el día en el que te lavas el barro de los errores del pasado y abres los ojos a tu glorioso futuro. Es el momento de convertirte en *quien ya eres*. ¿Y quién eres tú? Eres la obra maestra de Dios, su hijo amado, un coheredero con su único Hijo, Jesucristo. «Pues somos la obra maestra de Dios. Él nos creó de nuevo en Cristo Jesús, a fin de que hagamos las cosas buenas que preparó para nosotros tiempo atrás» (Efesios 2:10).

La buena noticia es que Dios quiere que veas con claridad. Él está abriendo tus ojos a su verdad incluso en medio del desorden en el que te encuentras ahora mismo. Lo que Jesús hizo por el ciego ese día es lo que hará por ti, si estás dispuesto a confiar en Él en medio del desorden.

Oportunidad para lo imposible

Seguramente el ciego, cuyos ojos no habían funcionado correctamente desde su nacimiento, debe haber asumido que no había esperanza de que pudiera ver. Una cosa sería si hubiera perdido la visión por una enfermedad de niño o por una lesión de adulto. Entonces sabría lo que le faltaba, lo que podría despertar la suficiente esperanza de poder ver de nuevo. Pero no era el caso. Este hombre nunca había podido ver. Seguramente, no esperaba recibir algo que nunca había tenido en primer lugar.

Y con base en las preguntas que los discípulos le hicieron a Jesús: «¿Es culpa de este hombre que sea ciego? ¿O está siendo castigado por los pecados de sus padres?». El ciego probablemente llevaba una carga de vergüenza por su condición. Seguramente había escuchado a muchas personas, quizá incluso a sus familiares y amigos, hacerse las mismas preguntas. Consciente de su ceguera de nacimiento, este hombre debió sentirse a veces víctima de graves injusticias. ¿Por qué debería ser castigado por algo que hicieron sus padres? ¿Y qué podría haber hecho de niño para merecer un castigo tan cruel, la privación de la vista? Con el tiempo, este hombre pudo haber empezado a creer que, de alguna manera, su ceguera era culpa suya.

Pero Jesús corrigió ese pensamiento erróneo antes de proceder a darle la vista a este hombre: «No fue por sus pecados ni tampoco por los de sus padres —contestó Jesús—. Nació ciego para que todos vieran el poder de Dios en él» (Juan 9:3). La condición del ciego no fue un castigo ni siquiera la consecuencia del pecado de nadie. Era una oportunidad para mostrar el poder, la gloria y la bondad de Dios. La respuesta que Jesús dio a los discípulos cambió la forma en que percibían la condición del ciego, y sigue cambiando el paradigma de nuestra percepción hoy en día.

¿Y si el sufrimiento, el dolor y las luchas a las que te enfrentas son similares a la condición del ciego? ¿Y si no son una injusticia que hay que soportar, sino una oportunidad para mostrar la gloria de Dios? ¿Has considerado alguna vez que no estás siendo castigado cuando te enfrentas a desafíos, sino que se te presenta la posibilidad de experimentar el milagroso poder omnipotente de Dios? Esto ha sucedido para que las obras de Dios se muestren en ti.

Y, amigo mío, no importa a qué te enfrentes —ceguera, cáncer, bancarrota, divorcio, adicción, falta de hogar o traición—, nada es imposible para Dios.

A lo largo de las páginas de las Escrituras y de los siglos, este estribillo sigue resonando. No importa por lo que estés pasando, no importa qué tan graves sean las circunstancias, no importa qué tan increíble sea tu pérdida o insondable tu dolor, ¡eres más que vencedor por medio de Cristo Jesús! Lo que percibes como imposible es simplemente una visión incompleta obstruida por tus limitaciones humanas. Jesús dijo: «Humanamente hablando es imposible, pero para Dios todo es posible» (Mateo 19:26). Cuando tienes el poder del Espíritu Santo dentro de ti, entonces puedes mover montañas con una fe tan pequeña como un grano de mostaza (ver Mateo 17:20).

Estoy convencido de que a Dios le atraen las circunstancias imposibles.

Muéstrale un vientre estéril.
Muéstrale una puerta cerrada.
Muéstrale un corazón roto.
Muéstrale un sueño roto.
Muéstrale un mal informe médico.
Muéstrale una cuenta bancaria vacía.
Muéstrale una familia disfuncional.
Muéstrale tu necesidad y prepárate para que Dios aparezca.

Se nos ha prometido que «la palabra de Dios nunca dejará de cumplirse» (Lucas 1:37).

Él le dio a Abraham una palabra, y nunca falló.
Él le dio a Moisés una palabra, y nunca falló.
Él le dio a Josué una palabra, y nunca falló.
Él le dio a Ana una palabra, y nunca falló.
Él le dio a Elías una palabra, y nunca falló.

Y Dios nos dio no solo una palabra, sino *la* Palabra. «En el principio la Palabra ya existía. La Palabra estaba con Dios, y la Palabra era Dios. [...] la Palabra se hizo hombre y vino a vivir entre nosotros» (Juan 1:1, 14). Nuestro Abba Padre Dios nos dio a Jesús, la Palabra, ¡y nunca falló!

El Señor tiene una palabra para ti ahora, así que prepárate para lo imposible. Tu familia está a punto de dar a luz a algo asombroso que tendrá un impacto en generaciones. Prepárate para que lo imposible tenga lugar en tu familia. Prepárate para que lo imposible tenga lugar en tu fe. Prepárate para que lo imposible tenga lugar en tus finanzas.

Abre tu boca, habla en tu casa y di: «La Palabra de Dios nunca fallará». Te reto a que mires tu cuenta bancaria y digas: «¡La

Palabra de Dios nunca fallará!». Habla a esa relación que está llena de drama y proclama: «¡La Palabra de Dios nunca fallará!». Te reto a que envíes un mensaje de texto a tus hijos y declares: «¡La Palabra de Dios nunca fallará!». No me importa lo imposible que parezca hoy: ¡Dios está a punto de aparecer!

Él se siente atraído por lo imposible para que ningún humano pueda obtener crédito por lo que Él está a punto de hacer. Tu Dios es el Dios de lo imposible.

El milagro de un pastel de barro

Sé que Dios puede hacer lo imposible, podrías estar pensando, *pero no estoy seguro de que realmente vaya a hacer lo imposible en mi vida.* Tal vez consideres que experimentar los milagros de Dios es como ganar la lotería o heredar una fortuna de un pariente lejano. «Estas cosas suceden, pero ¿cuáles son las probabilidades de que me sucedan a mí? No es muy probable», concluyes. Eso es sin duda mejor que un milagro de un pastel de barro.

¡TU DIOS ES EL DIOS DE LO IMPOSIBLE!

Sin embargo, esa es la exquisita belleza que ilustra la forma en que Jesús sanó al ciego. De todas las formas en que el Señor pudo haberle dado la vista a este hombre, Cristo deliberadamente hizo un lío como precursor del milagro. ¿Por qué? ¿Podría ser para recordarnos que nada es imposible para Dios? ¿Que incluso los líos más improbables e inesperados pueden convertirse en tierra fértil para cosechar el poder de Dios?

Si te cuesta aplicar el encuentro del ciego con Jesús a tu propia vida, permíteme compartir tu malestar. De hecho, permíteme confesar algo que probablemente no te resulte chocante si me conoces: tengo un poco de Trastorno Obsesivo Compulsivo

(TOC). Me gusta el orden y la organización, la eficiencia y la productividad. Los horarios, las listas y las agendas ayudan a que mi mundo funcione sin problemas y a tiempo. Me gusta centrarme en la preparación, las soluciones y las resoluciones lo antes posible para pasar al siguiente reto. Mi mente funciona de forma muy lineal y secuencial. Para todos los aficionados a *Star Trek*, puede que yo predique la revelación como el capitán Kirk, pero proceso la información como el señor Spock. En consecuencia, me resulta un poco difícil conciliar lo que percibo como un caos absoluto con un orden milagroso. En otras palabras, ¿cómo puede surgir tal milagro de un desorden? Por eso esta narración bíblica me habla, porque la he vivido. Fui ciego a las tentaciones hasta que fue demasiado tarde, ciego a los sufrimientos de los demás y ciego a mi propio egoísmo a veces. Necesito el milagro desordenado que solo Jesús puede realizar para ver con claridad. Y no simplemente para ver con claridad, sino para abrir mis ojos a lo que nunca antes había visto.

Porque de eso se trata este incidente.

Mientras Jesús caminaba, vio a un hombre que era ciego de nacimiento. Fíjate que este hombre no estaba perdiendo ni había perdido nunca la vista. En primer lugar, nunca la tuvo; nació ciego. Como ves, esta circunstancia facilita el entorno para que Cristo revele una extensión funcional y ontológica de la naturaleza creativa de la providencia.

A la mujer que tenía flujo de sangre, Jesús le devolvió la salud (ver Mateo 9:20-22). Al inválido de Betesda, le devolvió la facultad de caminar (ver Juan 5:1-15). A Lázaro, le devolvió la vida (ver Juan 11). A otro ciego (ver Marcos 8), le devolvió la vista.

Pero a este ciego, Jesús no le dio algo que había perdido. Jesús le dio algo que nunca tuvo en primer lugar. Porque verás, hay una diferencia entre que Dios te devuelva algo que tenías y que Dios te dé algo que nunca tuviste en primer lugar. Nuestro Dios no es solo el Dios que *restaura*. Nuestro Dios es un Dios que nos *da lo que nunca tuvimos antes*. Nuestro Dios es el Señor que hace lo que no se ha hecho antes. Su Palabra nos dice: «Pues estoy a punto de hacer algo nuevo. ¡Mira, ya he comenzado! ¿No lo ves?» (Isaías 43:19). Algunos de nosotros centramos nuestro tiempo en recuperar lo que perdimos cuando deberíamos pedirle a Dios que nos dé lo que nunca tuvimos en primer lugar. A Dios no le interesa renovar tu pasado. Él está más interesado en liberar tu futuro. ¿Estás listo para ver lo que nunca has visto antes? ¿Para experimentar lo que nunca has experimentado antes? ¿Para ir a donde nunca has ido antes? Entonces prepárate porque estás a punto de dar a luz lo imposible. Prepárate para cantar y gritar de alegría. «¡Canta, oh mujer sin hijos, tú que nunca diste a luz! Prorrumpe en canciones de alegría a toda voz, oh Jerusalén, tú que nunca tuviste dolores de parto. Pues la mujer desolada ahora tiene más hijos que la que vive con su esposo —dice el Señor—» (Isaías 54:1).

Dios te está dando la vista para que veas lo que nunca antes habías visto. Está haciendo nacer un milagro en medio de tu desorden. Prepárate para descubrir el don inestimable de Dios en medio de tu vida. Quítate la venda de los ojos y quítate la máscara. Reconoce las áreas de ceguera que están siendo transformadas. *Abre tus ojos a lo que nunca antes habías visto.*

ABRE TUS OJOS

Al final de cada capítulo encontrarás unas preguntas que te ayudarán a reflexionar sobre los puntos principales que hemos tratado y cómo se aplican a tu vida. No te sientas agobiado ni pienses que son deberes. Aunque no es necesario que escribas tus respuestas, te sorprenderá descubrir lo útil que puede ser llevar un registro de cómo Dios te habla mientras lees cada capítulo.

Ya sea que registres tus respuestas o no, después de que hayas pasado unos momentos pensando en estas preguntas, te animo a que acudas al Señor en oración y compartas con Él lo que está pasando en tu corazón. Para ayudarte a encender tu conversación con Dios, encontrarás una breve oración. No importa lo que estés enfrentando, recuerda que Él es tu Padre celestial, tu Creador y el Amante de tu alma. *¡Abre tus ojos a lo nuevo que Él está haciendo en tu vida!*

1. ¿Cuáles son algunos puntos ciegos o áreas de lucha en tu vida ahora mismo? ¿Qué cargas llevas que impiden tu camino de fe? ¿Qué es lo que te ha sostenido hasta ahora?

2. ¿De qué manera te relacionas con el ciego de Juan 9? ¿Qué ha obstruido tu visión de la verdad de Dios en tu vida? Qué mentiras del enemigo te han estado vendando los ojos?

3. ¿Cómo has visto a Dios actuar en medio del desorden de tu vida? ¿Qué es lo que más necesitas de Él en este momento?

Querido Dios, permíteme verte con los ojos de mi corazón. Quita las mentiras del enemigo que me están cegando a tu verdad y limpia mi visión de las viejas etiquetas que impiden mi visión. Gracias, Señor, por lo nuevo que estás haciendo en mi vida, el milagro que estás trayendo a la vida. Dame valor para atravesar el barro y soportar el desorden porque sé que tú estás dando a luz un milagro en el desorden. Que tu Espíritu me dé poder para que pueda conocer tu fuerza, resistencia y seguridad mientras aprendo a ver con nuevos ojos. En el nombre de Jesús, amén.

Bendice tu desorden

Abre tus ojos al poder de Jesús

Tu desorden es el terreno para el milagro de Dios.
Cuando Cristo restaura tu visión, verás su poder
desatado en tu vida.

Si la belleza está en los ojos del que mira, entonces el desorden es a menudo igual de subjetivo.
Nunca olvidaré el dilema que un buen amigo enfrentó con su anciana madre. Me había pedido que orara por ella sin describir específicamente la raíz del problema. Lo máximo que revelaba era que ella luchaba con su salud mental. Entonces, una tarde, pude ver no solo la evidencia de los problemas de esta mujer, sino el entorno que había formado a mi amigo cuando era niño.

Él y yo nos encontramos para almorzar en uno de nuestros restaurantes favoritos. Casi al final del almuerzo, sonó su teléfono. Por la expresión de dolor de su cara, me di cuenta de que no quería contestar.

«Adelante, amigo», le aseguré. Él asintió con un gesto de agradecimiento, contestó la llamada y empezó a hablar en un español rápido que incluso a mí me costó seguir. Al parecer, la persona que llamaba era un familiar que necesitaba la ayuda urgente de mi amigo. Resultó que la persona que llamaba era su madre. No encontraba sus gafas y las necesitaba urgentemente para leer las etiquetas de las recetas de sus medicamentos y poder tomar la dosis correcta. Mi amigo me había recogido en mi oficina e insistió en dejarme antes de ir a casa de su madre.

—¿Pero no vive ella a pocas manzanas de aquí? Me alegraría ir contigo. Eso siempre me ayuda conocer a alguien por quien oro.

—No, está bien, pastor Sam —dijo, claramente afligido—. No me importa llevarte de vuelta primero. Además, no estoy seguro de querer que conozcas a mi madre.

—Vamos —dije—. Solo nos tomará unos minutos. Incluso puedo esperar en el auto si prefieres.

A pesar de su reticencia, condujo las pocas manzanas y se detuvo frente a una pequeña casa de ladrillo de estilo rancho en un barrio familiar de casas similares. Al patio le vendría bien un poco de atención, pero con la sequía que habíamos sufrido en California, también le vendría bien al mío.

—Puedes venir conmigo —dijo—, porque probablemente necesitaré tu ayuda para encontrar sus gafas.

—Encantado —dije—. Guíame por el camino.

Salimos de su auto y nos dirigimos a la puerta principal.

—Tengo que advertirte antes de que entremos —dijo, con la mano en el pomo de la puerta—. Pero no hay manera de que pueda prepararte para lo que vas a ver.

Me encogí de hombros y sonreí, indicándole con la cabeza que continuara. —Recuerda que soy pastor. Lo he visto casi todo. Todo saldrá bien.

Sin embargo, mi amigo tenía razón. Nada podría haberme preparado para lo que había detrás de esa puerta. En realidad, incluso abrirla resultó ser todo un reto debido al surtido de cajas de cartón, bolsas de basura y pilas de revistas en la entrada. Tras apartar las pilas de revistas para poder entrar, mi amigo se adelantó y gritó: «¿*Mamita*? Estoy aquí... tengo a mi amigo Sam conmigo».

Mientras avanzábamos por un estrecho sendero, me maravillaba la forma en que cada rincón, cada grieta y cada superficie presentaban colecciones desbordantes de cristalería, figuras de porcelana, cerámica mexicana, conchas marinas, tallas de madera y jarrones de colores. Más pilas de cajas, revistas y libros llegaban a la altura de los ojos. Antes que la casa de alguien, el lugar parecía una tienda de segunda mano que se había tragado una casa llena de muebles, o un almacén preparado para un mercadillo.

Al entrar a lo que debía ser la cocina, vi montones de aparatos electrónicos y pequeños electrodomésticos amontonados como una instalación artística. Decenas de cuadros, fotografías y láminas enmarcadas consumían todo el espacio de la pared, que apenas se veía más allá de las pilas y los montones. Las sillas servían para guardar ropa de cama, almohadas y montones de ropa. Las mesas estaban sepultadas por más cristalería, libros y chucherías. El tenue olor a papel enmohecido, a desinfectante y a comida rancia llenaba el aire.

Mis sentidos no podían asimilar todo el desorden. Nunca me he considerado claustrofóbico, pero estar allí era abrumador. Me las arreglé para charlar con la madre anciana de mi amigo y decirle que había orado por ella. Y acababa de encontrar sus gafas —¡alabado seas, Señor!— justo antes de que llegáramos. Aliviado por el hecho de que su madre pudiera ver para tomar su medicación, mi amigo mantuvo nuestra visita breve.

—Siento que hayas tenido que ver eso, Sam —me dijo mientras íbamos a mi oficina—. Solo puedo imaginar lo que debes estar pensando.

—Amigo, aquí no se juzga a nadie, lo sabes. Tiene que ser muy duro para ti. Y ciertamente tengo una mejor idea de cómo orar por ella y por ti.

—Gracias —dijo él—. Ella ha empeorado mucho desde que mi padre murió el año pasado. Él mantenía algún tipo de orden incluso sabiendo que ella tenía un problema de acaparamiento. Ahora, es casi como si fuera incapaz de ver el caos de su gran desorden.

—Bueno, no es la única con ese problema —dije—. Puede que no seamos acaparadores, pero mucha gente permanece ciega ante el desorden que tiene.

El desorden tal como es

¿Qué te viene a la mente cuando piensas en un área desordenada de tu vida?

Para muchas personas, imagino que les viene a la mente su casa o alguna parte de esta. Para ellos, desordenado significa un despliegue físico, tangible, de objetos al azar y escombros desorganizados. En pocas palabras, las cosas no están donde deberían estar. Espero que no luches contra el acaparamiento, pero sospecho que todos podemos relacionarnos con este tipo de desorden en algún nivel. La mayoría de nosotros hemos tenido alguna vez un garaje desordenado, un ático desordenado, un trastero desordenado o, como mínimo, un cajón de trastos desordenado.

Dependiendo del número de ocupantes de una casa, el desorden puede ser una batalla constante. Es difícil recuperar el orden en medio de hábitos diversos e individuales. Los compañeros de apartamento a menudo deben negociar el nivel aceptable de desorden que todos pueden aceptar. Y los padres de niños pequeños conocen el reto de enseñar a sus hijos a guardar sus juguetes y a ordenar sus habitaciones para que aprendan a limpiar su desorden.

Definir el desorden suele ser subjetivo y se basa en la noción que se tiene de cómo deben organizarse o arreglarse las cosas. Lo que es desordenado para alguien que tiene TOC puede parecer limpio y ordenado para el resto de nosotros. He conocido a algunas personas artísticas y creativas que insistían en que su escritorio desordenado y su espacio de trabajo desordenado reflejaban su forma asociativa de organizar las piezas de su última creación innovadora.

También hay gente como la madre de mi amigo, que tiene tendencia a acumular tantos objetos como sea posible. Desde su deteriorada percepción, adquirir más y más posesiones aliviará de algún modo su pena, miedo y ansiedad. Como señaló mi amigo, ya no puede ver el desorden exterior que manifiesta su confusión y caos interior.

Esto nos lleva a la otra definición de desorden: el tipo de desorden más complicado, mental, emocional, relacional y situacional. Es posible que los demás no puedan ver este tipo de desorden en tu vida, al menos no al principio. Esta forma de desorden a menudo habita en las sombras y los secretos, en la vergüenza y la subversión. Adicciones desordenadas y aventuras desordenadas. Finanzas desordenadas y crianza desordenada. Rumores desordenados y manipulaciones desordenadas. Mentiras desordenadas y consecuencias desordenadas.

Sospecho que mientras más tiempo experimente alguien una vida desordenada en su interior, más probable será que esto se revele en una vida desordenada en el exterior. Los neurólogos y psicólogos nos dicen que nuestros cerebros están programados para organizar todos los datos sensoriales que nos llegan y darles sentido ordenándolos y encontrando patrones. Esto no solo nos ayuda a sacar conclusiones sobre las personas, sino también a ordenar los objetos de nuestra cocina.[1]

Del mismo modo, cuando vivimos con secretos pecaminosos, hábitos y relaciones que van en contra de lo que sabemos que es correcto o de lo que sabemos que Dios nos ha dicho que hagamos, entonces experimentamos angustia. A medida que las consecuencias de nuestras elecciones se manifiestan, los problemas pueden convertirse en una avalancha que abarca la mayoría de las áreas de nuestra vida. Pronto perdemos de vista cómo deberían ser las cosas para proteger nuestros secretos, justificar nuestras indulgencias pecaminosas y ocultar nuestros errores.

Cuando nos enfrentamos al desorden de un matrimonio destrozado por el adulterio, o al caos de una carrera acabada por la malversación de fondos, nuestro desorden y malestar acaban por desbordarse, escaldando y marcando a los que nos rodean. Este tipo de desorden puede parecer más difícil de limpiar que el tangible, porque requiere una intervención sobrenatural para restaurar no solo lo que has perdido, sino lo que no tenías antes.

Dame de beber

Cuando Jesús sanó al ciego, como se relata en Juan 9, eligió un método práctico y desagradable para hacer un milagro. «Luego escupió en el suelo, hizo lodo con la saliva y lo untó en los ojos del ciego. Le dijo: "Ve a lavarte en el estanque de Siloé" (Siloé significa «enviado»). Entonces el hombre fue, se lavó, ¡y regresó viendo!» (Juan 9:6-7).

Como exploramos en el capítulo pasado, Él no tenía que hacerlo de esta manera, pero como sabemos que nada es accidental con Dios, Jesús definitivamente tenía sus razones. Estoy convencido de que la más importante era ilustrar su poder para bendecir nuestro desorden y convertirlo en algo completo, incluso cuando no podemos ver el alcance de nuestro desorden, como el hombre que era ciego de nacimiento. En otras palabras, Jesús sana nuestra visión —nuestra capacidad de ver nuestro pecado, nuestra necesidad y la gracia de Dios— incluso cuando no nos damos cuenta de que estamos ciegos.

Encontramos este tipo de restauración en otro de los encuentros más intrigantes de Cristo: la mujer samaritana en el pozo. Antes de su encuentro, Jesús había oído que los fariseos se quejaban de su ministerio. Decidió abandonar Judea y volver a Galilea (ver Juan 4:1-3). Aparentemente, su ruta lo llevó a través de Samaria, donde Jesús llegó a un pueblo llamado Sicar, conocido históricamente por el pedazo de tierra que Jacob había dado a su hijo favorito, José (ver versículo 5).

En Sicar quedaba un lugar conocido como el pozo de Jacob, que es donde Jesús se detuvo a descansar de su viaje alrededor del mediodía (ver versículo 6). Entonces llegó una mujer del lugar con la intención de llenar sus cántaros de agua, sin saber que tenía una cita divina que cumplir.

Poco después, llegó una mujer samaritana a sacar agua, y Jesús le dijo:

—Por favor, dame un poco de agua para beber.

Él estaba solo en ese momento porque sus discípulos habían ido a la aldea a comprar algo para comer.

La mujer se sorprendió, ya que los judíos rechazan todo trato con los samaritanos. Entonces le dijo a Jesús:

41

—Usted es judío, y yo soy una mujer samaritana. ¿Por qué me pide agua para beber?

Jesús contestó:

—Si tan solo supieras el regalo que Dios tiene para ti y con quién estás hablando, tú me pedirías a mí, y yo te daría agua viva.

—Pero señor, usted no tiene ni una soga ni un balde —le dijo ella—, y este pozo es muy profundo. ¿De dónde va a sacar esa agua viva? Además, ¿se cree usted superior a nuestro antepasado Jacob, quien nos dio este pozo? ¿Cómo puede usted ofrecer mejor agua que la que disfrutaron él, sus hijos y sus animales?

Jesús contestó:

—Cualquiera que beba de esta agua pronto volverá a tener sed, pero todos los que beban del agua que yo doy no tendrán sed jamás. Esa agua se convierte en un manantial que brota con frescura dentro de ellos y les da vida eterna.

—Por favor, señor —le dijo la mujer—, ¡deme de esa agua! Así nunca más volveré a tener sed y no tendré que venir aquí a sacar agua.

Jesús le dijo:

—Ve y trae a tu esposo.

—No tengo esposo —respondió la mujer.

—Es cierto —dijo Jesús—. No tienes esposo porque has tenido cinco esposos y ni siquiera estás casada con el hombre con el que ahora vives. ¡Ciertamente dijiste la verdad!

Juan 4:7-18

Fíjate en el aplomo y la compasión con que Jesús se dirigió a esta mujer, alguien culturalmente considerada impura por la mayoría del pueblo judío de la época. Comenzó haciendo lo inesperado: pidiéndole que le diera agua para beber. Inmediatamente, la curiosidad de la mujer debió de despertarse: *¿Quién es* *este extraño que viola las costumbres religiosas judías? ¿Por qué un hombre así me pediría que le diera de beber?* Después de que ella expresara su confusión, Jesús le dio la vuelta a la tortilla. Ahora que tenía claramente toda su atención, le dijo: «En realidad deberías pedirme un trago de agua viva para saciar esa insaciable sed que tienes». Básicamente, utilizó su ubicación para elaborar la metáfora perfecta para la vida desordenada de esta mujer.

Aparentemente, sin embargo, su confusión persistió cuando empezó a tratar de entender de qué podía estar hablando este hombre misterioso. En lugar de preguntarse: *¿Por qué este judío me pediría a mí, una samaritana, algo de beber?*, le preguntó: «¿Cómo puedes darme una bebida si no tienes un recipiente que contenga agua?». Recurriendo a la historia de su localidad, que probablemente esperaba que un judío conociera, trató de desentrañar su significado: «¿Eres más grande que nuestro padre Jacob?».

No solo ella se preguntó cómo podía este hombre darle de beber, sino que su pregunta también implicaba una preocupación más urgente: ¿quién eres tú? Se dio cuenta de que no se trataba del típico judío forastero que descansaba junto al pozo de Jacob.

Jesús le respondió explicando el contraste entre los dos tipos de agua de los que se hablaba, tanto el agua literal del pozo como el agua espiritual del alma. Mientras que un trago de agua del pozo solo proporcionaría un alivio temporal a la sed física, el agua que Él le ofreció saciaría su mayor necesidad de una vez por todas.

Con ese tipo de oferta, la mujer pidió inmediatamente esta agua vivificante para no tener que seguir regresando al pozo. Sin embargo, al confundir los dos tipos de agua, no entendió nada. Jesús le dijo entonces que fuera a buscar a su marido y volviera, y ella le contestó que no tenía marido.

En uno de los mayores ejemplos de revelación divina, Jesús le quitó la venda de los ojos a esta mujer. «Tienes razón cuando dices que no tienes marido. El hecho es que has tenido cinco maridos, y el hombre que tienes ahora no es tu marido. Lo que acabas de decir es muy cierto». Cristo dejó caer una bomba, revelando que sabía todo sobre ella. Pero lo hizo con gran amabilidad. No la consideró mentirosa, ni adúltera, ni siquiera inmoral. Jesús simplemente señaló la verdad de su situación, la evidencia fáctica de la sed del alma que ella había estado tratando de saciar de maneras que nunca satisfacían su anhelo de más. No la confrontó de inmediato ni llamó la atención sobre su comportamiento pasado. Dejó en claro que no estaba allí para juzgarla o condenarla. Estaba allí para sanarla. Estaba allí para bendecir su desorden.

Milagro en lo mundano

La mujer samaritana supuso entonces que Jesús debía ser un profeta, a lo que Él respondió, en esencia: «Estás viendo más claramente, pero sigue buscando». Entonces debió tener un momento de «¡Ajá!», ya que la identidad del desconocido se hizo patente:

La mujer dijo:

—Sé que el Mesías está por venir, al que llaman Cristo. Cuando él venga, nos explicará todas las cosas.

Entonces Jesús le dijo:

—¡Yo Soy el Mesías!

Justo en ese momento, volvieron sus discípulos. Se sorprendieron al ver que Jesús hablaba con una mujer, pero ninguno se atrevió a preguntarle: «¿Qué quieres de ella?» o «¿Por qué le hablas?». La mujer dejó su cántaro junto al pozo y volvió corriendo a la aldea mientras les decía a todos: «¡Vengan a ver a un hombre que me dijo todo lo que he hecho en mi vida! ¿No será este el Mesías?». Así que la gente salió de la aldea para verlo.

Juan 4:25-30

Jesús esperó a confirmar directamente su identidad hasta que la mujer llegó a la verdad. En lugar de anunciar que Él era el Mesías cuando se encontraron por primera vez, demostró su poder para ver a la mujer y su necesidad de lo que Él ofrecía. Jesús la ayudó a ver lo que no podía ver en sí misma. Y la ayudó a verlo de una manera que resultó en gracia y no en vergüenza.

No es de extrañar que los discípulos no entendieran lo que estaba pasando cuando volvieron y descubrieron a su Maestro concluyendo su conversación con alguien a quien habían sido condicionados culturalmente a despreciar. A su favor, no hicieron la pregunta que tú o yo podríamos haber planteado: «¿Qué haces Tú —el Santo Hijo de Dios —hablando con ella, una mujer de un país pagano con mala reputación?».

La mujer se emocionó tanto al conocer a Jesús que dejó su cántaro en el pozo. Podemos imaginar que esto probablemente nunca había sucedido antes. Básicamente, llegó allí para hacer algo mundano en pleno día y salió transformada por su encuentro con el Mesías, el Dador de agua viva. Su testimonio debió de causar una gran impresión, porque muchos de sus vecinos del pueblo también creyeron en Cristo.

ERA UNA EVANGELISTA DEL MESÍAS QUE HABÍA CAMBIADO SU VIDA.

Ya no sería conocida como una mujer de moral dudosa y pasado turbio. Ahora era una evangelista del Mesías que había cambiado su vida.

Cuando te encuentras con Jesús y bebes el agua viva que solo Él da, cuando experimentas la capacidad de ver con claridad, tu vida nunca será la misma. A Él no le desaniman tus líos, ni tu pasado, ni tu incapacidad para verte con claridad. Jesús dijo a sus seguidores: «Mi propósito es darles una vida plena y abundante» (Juan 10:10). Y su don de vida nueva sigue siendo el mismo para nosotros hoy.

La mujer samaritana nunca podría haber esperado o imaginado que se encontraría con el Mesías, el tan esperado Hijo de Dios que los profetas habían estado describiendo durante los últimos cuatrocientos años, en un día normal haciendo una tarea normal. No tenía ni idea de que aquella mañana sus prioridades y sus relaciones iban a cambiar. No se dio cuenta, al caminar por el caluroso y polvoriento sendero hacia el pozo de Jacob, de que estaba a punto de encontrarse con el Dios vivo. No podía ver entonces lo que pudo ver después de encontrarse con Él.

Nunca subestimes el impacto que tu desorden convertido en milagro puede tener en otras personas. Recuerda que Jesús dijo a sus discípulos que la limitación del ciego no era el resultado de su pecado o del pecado de sus padres, sino una oportunidad para que la gloria de Dios se manifestara. Lo mismo ocurre con cualquier lío en el que te encuentres ahora mismo. Dios utiliza nuestros líos para llamar nuestra atención y la de los demás. Al igual que nos inspiran los ejemplos del ciego y la samaritana, otras personas pronto se inspirarán en ti.

Espera tu sorpresa

El ciego no se dio cuenta de que estaba a punto de recibir el don de la vista de quien lo creó. No tenía ni idea de que ese barro pegajoso unido por la saliva del Maestro le daría lo que nunca antes había tenido. El ciego experimentó el poder de Jesús a través de una máscara sucia y desordenada de barro milagroso.

La mujer samaritana no esperaba ver su sucia vida lavada por el Mesías. No esperaba que un extraño pudiera ver su corazón y saber todo sobre su vida. No se atrevió a esperar que un trago de agua del pozo pudiera llevarlo a un manantial de vida eterna que le calmara el alma.

Puede que no esperes ver lo que Dios va a hacer a continuación en tu vida, pero eso no significa que no debas estar preparado. De hecho, basado en la forma en que Jesús derramó su poder en aquellos que sanó y encontró, ¡deberías esperar ser sorprendido! Si eres serio acerca de querer invitar a Jesús a tu desorden para que Él pueda bendecirlo y transformarlo en su milagro, entonces prepárate.

En el nombre de Jesús, ¡estás a punto de ver lo que nunca has visto antes! Estás a punto de verlo en tu propia vida, en la vida de tu familia y en la vida de los que te rodean. Estás a punto de verlo en lo personal, en lo profesional, en lo privado y en lo público. Estás a punto de ver el poder de Jesús sanando, transformando, iluminando, salvando, santificando y elevando en formas que nunca has presenciado. La Palabra de Dios nos promete:

EN EL NOMBRE DE JESÚS, ¡ESTÁS A PUNTO DE VER LO QUE NUNCA HAS VISTO ANTES!

«A eso se refieren las Escrituras cuando dicen: "Ningún ojo ha visto, ningún oído ha escuchado, ninguna mente ha imaginado lo que Dios tiene preparado para quienes lo aman"» (1 Corintios 2:9). Esto no solo se aplica a lo que te espera en el cielo, amigo mío, esto se aplica al milagro que Dios tiene para ti aquí en la tierra.

Impulsado por el Espíritu Santo, estás a punto de ver a Dios obrar de una manera que te dejará con los ojos bien abiertos, la boca abierta, un cosquilleo en la columna vertebral y un canto en tu corazón. Estás a punto de ver tu matrimonio sanado, tu trabajo transformado y tu salud tocada por el Gran Médico. El hecho de que no puedas imaginar tu milagro no significa que el poder de Dios no esté ya en medio de tu barro. El hecho de que haya barro en tus ojos ahora mismo no significa que no estés a punto de recibir una nueva visión. El hecho de que tu alma siga sedienta ahora mismo no significa que no estés a punto de ser saciado con la satisfacción del agua viva.

Estás a punto de ver lo que Dios puede hacer cuando le permites abrir tus ojos.

Estás a punto de ver a más personas venir a Jesús que nunca antes en la historia de la humanidad.

Estás a punto de ver a tus hijos e hijas pródigos volver a casa.

Estás a punto de ver a tus líderes servir con honestidad e integridad.

Estás a punto de ver a tu comunidad rebosar de amor y bondad.

Estás a punto de ver cómo tu iglesia cambia el mundo.

Estás a punto de ver a tu país unirse como una sola nación bajo Dios.

Entiendo que te sientas escéptico o que tengas tus dudas. Y comprendo lo dolorosa que puede ser tu vida en este momento. Puedo creer que has estado esperando que Dios desate su poder en tu vida durante mucho tiempo. No dudo que hayas estado orando y orando y no hayas recibido una respuesta todavía.

Sé que todo el mundo ha pasado por una prueba traumática, tanto a nivel personal como global. Sé que el COVID es real. Mi familia pasó por ello. Sé que millones de personas siguen sufriendo sus efectos debilitantes. Me duelen los cientos de miles de vidas que han acabado con esta enfermedad pandémica. Pero no importa lo poderoso que pueda parecer el COVID o cualquier otra enfermedad, nuestro Dios siempre será infinitamente más poderoso.

Así que no importa lo mucho que te haya afectado el COVID o el cáncer o la diabetes o la depresión o la ansiedad, no podemos inclinarnos ante su altar. Lo próximo que llene nuestra nación no nos vencerá. No me importa qué variante pueda ser, dónde se originó o cuál es su nuevo número: ¡nuestro Dios es más poderoso!

Lo próximo que llenará este mundo será la gloria de Cristo resucitado.

El desorden de tu nación está a punto de convertirse en el milagro de Dios.

El desorden de tu familia está a punto de convertirse en un milagro.

Tu desorden financiero está a punto de convertirse en un milagro.

Tu desorden en la salud está a punto de convertirse en un milagro.

Tu desorden legal está a punto de convertirse en un milagro.

Tu desorden emocional está a punto de convertirse en un milagro.

Tu desorden relacional está a punto de convertirse en un milagro.

Tu desorden profesional está a punto de convertirse en un
milagro.
Tu peor desorden está a punto de convertirse en tu mejor
milagro.
No importa cuál sea tu desorden, ¡estás a punto de ser
bendecido!

Tu alegría está llegando

Antes de que descartes mis declaraciones proféticas como un
optimismo desenfrenado, debes saber que no las hago por lo que
soy o por lo que sé. Hago estas declaraciones proféticas porque
conozco al Dios cuyo poder no conoce límites. No vivo en la
negación, sino en la plena conciencia de la liberación divina. Si
es cierto el viejo dicho de que lo más oscuro es lo que precede al
amanecer, no es de extrañar que todo parezca más desordenado
antes de lo más milagroso.

Sé por lo que has pasado. En los últimos años hemos visto la
oscuridad. Hemos visto acontecimientos mundiales que nunca
antes habíamos visto. Hemos visto las ruinas de lo que una vez fue.

Las ruinas de esta pandemia mundial.

Las ruinas de los disturbios raciales y sociales que destruyen
la propiedad, fragmentan las familias, dividen las comunidades
y destrozan la Iglesia.

Las ruinas de los disturbios políticos en los que el «burro» y
el «elefante» consiguen dividir temporalmente aquello que pertenece al Cordero.*

Las ruinas de una cultura de la cancelación que insiste en
silenciar a todos y a todo lo que se niega a seguir la línea de una

---

*El escenario político de los Estados Unidos está dividido en dos partidos: Demócra-
ta (el burro) y Republicano (el elefante).

cosmovisión ideológica moralmente relativista que va en contra de la Palabra y el Espíritu de Dios.

Las ruinas del totalitarismo secular que declara explícitamente que los casinos y las licorerías son esenciales, pero que la Iglesia no lo es.

Las ruinas de una generación dirigida por los arquitectos de la oscuridad con el mensaje de que no existen la verdad, el género, la santidad ni la responsabilidad personal.

Las ruinas de una vida que luchas por disfrutar porque estás abrumado por las apremiantes demandas que te halan en todas las direcciones.

Las ruinas de los sueños que una vez perseguiste con energía y entusiasmo, solo para ver cómo se reducen a frías cenizas de decepción y arrepentimiento.

Vemos estas ruinas. Y hemos llorado desde las profundidades de estas ruinas. Pero nuestras lágrimas no son en vano. Porque la Palabra de Dios promete: «El llanto podrá durar toda la noche, pero con la mañana llega la alegría» (Salmos 30:5).

ABRE TUS OJOS AL PODER DE JESUCRISTO EN TU VIDA.

Amigo mío, nuestra alegría está llegando. Un nuevo día está amaneciendo. La noche está llegando a su fin. Puede que ahora esté oscuro, pero la luz del sol trae nueva alegría.

No importa cómo se vea tu desorden, no importa cuánto daño haya hecho en tu vida y en la de tus seres queridos y no importa qué tan desesperado te sientas, abre tus ojos al poder de Jesucristo en tu vida. Invítalo a jugar en el barro a tus pies. Reúnete con Él en el viejo pozo y deja que te vea justo donde estás. Pídele al Espíritu Santo que te dé ojos para ver lo que nunca has visto antes.

Y para que podamos ver lo que nunca hemos visto antes, nos corresponde reconciliar nuestra escatología con nuestra misionología. En otras palabras, creo que Jesús viene a desatar su poder como nunca antes. Pero permíteme recordarte:

Él no va a volver por una Iglesia rota.
Él no va a volver por una Iglesia quejumbrosa.
Él no va a volver por una Iglesia deprimida.
Él no va a volver por una Iglesia temerosa.
Él no va a volver por una Iglesia derrotada.
Él no va a volver por una Iglesia políticamente correcta.
Él no va a volver por una Iglesia cómoda.
Él no va a volver por una Iglesia silenciosa.
Él no va a volver por una Iglesia moribunda.
Jesucristo vuelve por una Iglesia gloriosa,
Una Iglesia triunfante,
Una Iglesia floreciente,
Una Iglesia victoriosa,
Una Iglesia santa.

Y mientras esperamos que Jesús venga, ¡Él está esperando que nos levantemos! ¿Estás preparado para ver lo que nunca hemos visto antes? Permíteme darte un adelanto de lo que vamos a ver en el Espíritu:

En lugar de disturbios, avivamiento.
En lugar de encierros, cielos abiertos.
En lugar de conflictos, unidad.
En lugar del odio, el amor.
En lugar del relativismo, la verdad.
En lugar de destruir inmuebles, construir altares.
En lugar de confrontación, conversaciones.
En lugar de afiliaciones políticas, designaciones proféticas.

En lugar de muchos bajo el miedo, una nación bajo Dios. Estás a punto de ver lo que nunca has visto antes.

Mira con asombro cómo el poder de Cristo transforma radicalmente tu vida.

--------- **ABRE TUS OJOS** ---------

Una vez más, aquí hay algunas preguntas para ayudarte a aplicar las verdades bíblicas y las promesas proféticas de este capítulo. Por favor, no permitas que esto se convierta en una carga u obligación. Considera, en cambio, que es una oportunidad adicional para acercarte a Jesús mientras experimentas más de su milagroso poder sanador en tu vida. Reflexionar sobre tus respuestas a estas preguntas es beneficioso, pero descubrirás un cambio más duradero si escribes tus pensamientos para que puedas volver a ellos más tarde para una mayor contemplación.

Como antes, también he proporcionado una breve oración para ayudarte a comenzar tu tiempo de intimidad con Dios en relación con todo lo que estás aprendiendo en estas páginas. Simplemente tómate unos momentos de quietud y silencio ante el Señor para aquietar tu mente y desahogar tu corazón ante Él. Recuerda que Jesús está ahí contigo en medio de tu desorden esperando para bendecirte, sanarte y transformarte.

1. ¿Qué áreas de tu vida te parecen particularmente desordenadas en este momento? ¿Qué crees que está causando o contribuyendo a tu desorden? ¿Cuál es el desorden que más tiempo y energía te ocupa en este momento?

2. ¿De qué manera te sientes como la mujer samaritana en el pozo? ¿Cuál es tu anhelo más profundo o tu mayor sed espiritual en este momento?

3. ¿Cuándo has visto que el poder de Jesús ha marcado una diferencia importante en tu vida? ¿Dónde quieres que se desate su poder en tu vida la próxima vez? ¿Por qué?

Querido Señor, gracias porque estoy a punto de ver lo que nunca he visto antes. Confío en ti y reclamo tu promesa de vida abundante en todas las áreas de mi vida. En mi familia, en mi fe, en mis finanzas, en mis relaciones, en mi Iglesia, en mi comunidad, en mi pensamiento, en mis acciones, en mis palabras, en mi actitud, en mi salud, en mi entorno, en mi nación y en mi generación. Sacia mi sed de tu presencia milagrosa en mi vida. Permíteme beber profundamente del agua viva que tú provees. Dame paciencia mientras tu Espíritu continúa transformándome a la imagen de Cristo. En el nombre de Jesús, Amén.

Perspectiva fresca

Abre tus ojos a lo que te has perdido

Nuestro Dios no es solo el Dios de los milagros desordenados. Nuestro Dios es un Dios que satisface nuestros anhelos más profundos.

A veces, lo que hemos estado buscando está justo frente a nosotros.

Si eres como yo, probablemente has tenido momentos en los que no puedes encontrar tus lentes, tus llaves o tu teléfono solo para descubrir que están en tu cara, en tu encendido o en tu bolsillo. A menudo estamos tan ocupados y distraídos por las exigencias del día que perdemos de vista los pequeños objetos de los que dependemos. Nos apresuramos de casa al trabajo o a la escuela, a las citas y luego de regreso a casa, a menudo tan centrados en el futuro que perdemos de vista el presente. Nos distraemos tanto que no vemos lo que tenemos enfrente ni prestamos atención a nuestras propias acciones.

Sospecho que experimentamos un tipo de perspectiva borrosa similar en nuestra vida espiritual. ¿Con qué frecuencia nos damos cuenta de que nuestro deseo de tener más de Dios en nuestras vidas ya está presente y disponible? No vemos lo que tenemos en el presente porque vivimos condicionados por el futuro. Asumimos que tendremos más poder, más paz, más alegría y propósito algún día cuando seamos más maduros espiritualmente. Pero a menudo estamos esperando que Dios entre a nuestras vidas, que responda nuestras oraciones o que nos revele nuestros próximos pasos, cuando Dios está esperando que veamos lo que está justo frente a nosotros. Cuando estamos dispuestos a abrir nuestros ojos espiritualmente, vemos que Dios ya nos ha dado todo lo que necesitamos y más.

Ahora me ves

A veces no vemos lo que Dios está haciendo en nuestras vidas porque confiamos en lo que los demás piensan de nosotros. Incluso cuando se dan cuenta de que hay algo diferente en nosotros debido a la presencia de Dios, podemos tratar de convencerlos de que somos igual que ellos, las mismas personas que siempre hemos sido.

Después de que Jesús sanó al hombre que había sido ciego de nacimiento, los demás no lo reconocieron:

> Sus vecinos y otros que lo conocían como un pordiosero ciego se preguntaban: «¿No es ese el hombre que solía sentarse a mendigar?». Algunos decían que sí, y otros decían: «No, solo se le parece».
> Pero el mendigo seguía diciendo: «¡Sí, soy yo!».
> Le preguntaron:

—¿Quién te sanó? ¿Cómo sucedió?

Él les dijo:

—El hombre al que llaman Jesús hizo lodo, me lo untó en los ojos y me dijo: "Ve al estanque de Siloé y lávate". Entonces fui, me lavé, ¡y ahora puedo ver!

—¿Dónde está él ahora? —le preguntaron.

—No lo sé —contestó.

Juan 9:8-12

Observa que los vecinos del hombre trataron de disuadirse de la verdad de lo que veían al suponer que era solo un parecido casual. Se habían acostumbrado a percibir a este hombre basándose únicamente en su falta de vista. Tal vez solía sentarse a mendigar en un lugar determinado cerca del templo, y ese era el único contexto que tenían para saber quién era y de qué se trataba. Era simplemente el ciego que pedía limosna, alguien a quien descartaron como algo irrelevante para sus vidas.

Incluso cuando se esforzaban por aceptar el milagro ocurrido en la vida de este hombre, él insistía en que seguía siendo el mismo. A continuación, explicó con toda naturalidad cómo había actuado Jesús para sanarlo, lo que probablemente sonó un poco extraño, por no decir otra cosa. Porque entonces la gente preguntó: «Bueno, ¿dónde está ese hombre que te sanó?», a lo que el hombre respondió: «No lo sé». El ciego dio testimonio de la verdad del desordenado milagro que acababa de transformar su vida, pero probablemente todavía estaba procesando las implicaciones. Recordemos que era ciego de nacimiento, por lo que cada color, forma, rostro y paisaje debía abrumarlo con datos visuales desconocidos. Y para colmo, sus vecinos prácticamente no lo reconocían. A pesar de poder ver, este hombre ya no era quien solía ser, pero ¿en quién se había convertido?

A veces nos familiarizamos tanto con alguien, incluso con nosotros mismos, en un lugar determinado, que lo perdemos de vista como un ser humano real. Se convierten en parte del paisaje: el mesero de la cafetería, el indigente de la esquina, el empleado de la tienda, la recepcionista del consultorio médico. Al verlos repetidamente a lo largo del tiempo, son vistos e identificados por los demás solo por asociación con lo que hacen en un lugar concreto en un momento determinado. Para quienes se cruzan con ellos cada día, su identidad no existe fuera de ese momento y lugar.

Hasta que algo cambia y se ven obligados a ver a los demás bajo una luz diferente.

¿Puedo tomar tu pedido?

Cuando nuestros hijos eran pequeños, los recogí de la escuela un día que Eva, mi esposa, no podía estar allí. Aprovechando la oportunidad inusual de que yo fuera el chofer, los niños me rogaron que paráramos en McDonald's para comer algo. Acepté seguirles la corriente para que fuera una ocasión especial. Cuando vi que el autoservicio estaba repleto de otras personas con la misma idea, pensé que sería más rápido entrar a pedir. El restaurante estaba menos lleno adentro, así que nos pusimos en la fila.

Después de un par de minutos, finalmente llegó nuestro turno. Justo cuando estaba a punto de pedir dos comidas para niños y un pastel de manzana, oí: —¡Ah! ¡Pastor Sam! ¿Es usted? Caramba, ¿qué está haciendo aquí? —La joven de ojos abiertos que había hecho las preguntas asistía a nuestra iglesia.

La reconocí y le dije: —¡Hola! ¿Cómo estás? Solo estoy siendo papá hoy y dejando que los niños me convenzan para una merienda después de la escuela. Tendremos...

—Lo siento —me interrumpió—. Es que no suelo ver a mucha gente conocida. Y, bueno, solo lo veo a usted en la iglesia. Pensé que era usted, pero luego nunca pensé que comiera en McDonald's, ¿sabe?

Me reí. —¡Sí, me encanta un Big Mac como a cualquiera! También he comido en Burger King, e incluso en Taco Bell, pero no se lo digas a nadie. —Sus ojos se abrieron aún más—. Usted sabe que estoy bromeando, ¿verdad? Quiero decir que a veces como comida rápida.

—Claro, por supuesto —dijo ella, todavía procesando que su pastor estaba en un McDonald's con sus hijos—. ¿Qué puedo ofrecerle?

Para entonces, mi hijo y mi hija se reían sin parar. Les parecía divertidísimo que esta joven estuviera confundida por mi presencia en un lugar en el que no estaba acostumbrada a verme. Como soy un profesor de corazón, traté de explicarles el contexto y cómo vemos a las personas. Tal vez no entendieron del todo lo que quise decir, pero confío en que entiendas mi punto de vista y que probablemente hayas tenido una experiencia similar.

> **VER ES MUCHO MÁS QUE LO QUE TENEMOS FRENTE A NUESTROS OJOS.**

Porque ver es mucho más que lo que tenemos frente a nuestros ojos. Lo que somos es mucho más que los papeles que desempeñamos. Una vez que experimentamos el poder milagroso en nuestros desórdenes, ya no somos los mismos.

Cegado por la luz

Cuando te encuentras con el poder de Jesús que te da la vista, te cambia la vida y te transforma el corazón, ya no eres quien eras antes. Puede que los demás no te reconozcan porque tu actitud, tu forma de hablar y tu comportamiento cambian, a veces drásticamente. Los pensamientos y actividades que una vez mantuvieron tu atención ya no importan cuando tu enfoque cambia a conocer al Señor y vivir por su Espíritu. La Palabra de Dios nos dice: «Esto significa que todo el que pertenece a Cristo se ha convertido en una persona nueva. La vida antigua ha pasado; ¡una nueva vida ha comenzado!» (2 Corintios 5:17). Una vez que entregas tu vida a Cristo y el Espíritu Santo mora en ti, ves las cosas de un modo diferente. Las viejas búsquedas y los hábitos idólatras pierden su poder sobre ti. Te das cuenta de que algunas relaciones que antes te sostenían, en realidad te estaban frenando. Tus ojos se enfocan en una perspectiva eterna que glorifica a Dios y hace avanzar su Reino.

Uno de los mejores y más dramáticos ejemplos de una transformación antes y después en la Biblia ocurrió en la vida del apóstol Pablo. Anteriormente conocido como Saulo, no solo no conocía a Cristo, sino que perseguía activamente a los seguidores de Jesús, decidido a utilizar la violencia o cualquier medio necesario para evitar que difundieran el Evangelio. Saulo había sido criado en un hogar estricto que lo condicionó en el rígido legalismo de las prácticas religiosas judías.

Basado en su lealtad al judaísmo tradicional, Saulo aparentemente consideraba a Jesús como un hereje peligroso y a sus seguidores igual de dañinos para la fe judía. Entonces, un día, mientras viajaba a Damasco con la esperanza de capturar y arrestar a más seguidores del Camino, Saulo fue literalmente detenido en su camino:

Al acercarse a Damasco para cumplir esa misión, una luz del cielo de repente brilló alrededor de él. Saulo cayó al suelo y oyó una voz que le decía:

—¡Saulo, Saulo! ¿Por qué me persigues?

—¿Quién eres, señor? —preguntó Saulo.

—Yo soy Jesús, ¡a quien tú persigues! —contestó la
voz—. Ahora levántate, entra en la ciudad y se te dirá lo
que debes hacer.

Los hombres que estaban con Saulo se quedaron
mudos, porque oían el sonido de una voz, ¡pero no veían
a nadie! Saulo se levantó del suelo, pero cuando abrió los
ojos, estaba ciego. Entonces sus acompañantes lo llevaron
de la mano hasta Damasco. Permaneció allí, ciego, durante
tres días sin comer ni beber.

Hechos 9:3-9

Aunque Saulo podía ver físicamente, no se dio cuenta de la
verdad de que Jesús era el Mesías, el Hijo de Dios venido a la
tierra en forma humana. Resulta irónico que el encuentro de
Saulo con Cristo deje ciego al cazarrecompensas, lo que finalmente es paralelo al estado espiritual en el que había estado
viviendo. La ceguera de Saulo también lo obligó a aceptar lo
que se había perdido. Observa que Jesús le pregunta: «¿Por
qué me persigues?». Esta pregunta lleva implícita otra más personal: «¿Por qué no puedes ver quién soy yo? ¿Por qué estás
ciego a la verdad?».

Es la misma pregunta que Jesús nos sigue haciendo hoy,
incluso después de que lo hayamos invitado a entrar en nuestras vidas. A veces, cuando vivimos en las sombras, al principio
nos ciega el poder de la luz de Dios. Al igual que nuestros ojos
físicos se ajustan cuando nuestras pupilas se contraen en la
luz brillante, descubrimos que debemos ajustar nuestra visión
espiritualmente.

Enfoque nítido

Cuando el ciego Saulo fue conducido a Damasco, debe haber estado en *shock*. En cuestión de momentos, toda su vida había dado un vuelco. En un minuto, se ha centrado en acorralar a un grupo subversivo de renegados que estaban violando las leyes y tradiciones judías. Con su rabia canalizada en una determinación tenaz, Saulo era evidentemente bueno en su trabajo de capturar a los seguidores de Cristo. Porque cuando Dios ordenó a uno de los creyentes de Damasco, un hombre llamado Ananías, que pusiera las manos sobre Saulo para que su conversión fuera completa, Ananías se resistió. «¡Pero Señor! —exclamó Ananías—. ¡He oído a mucha gente hablar de las cosas terribles que ese hombre les ha hecho a los creyentes de Jerusalén! Además, tiene la autorización de los sacerdotes principales para arrestar a todos los que invocan tu nombre» (Hechos 9:13-14).

Aunque Ananías nunca había conocido a Saulo, no tenía ningún deseo de hacerlo basándose en la reputación de este. Aparentemente, el nombre de Saulo infundía temor en los corazones de los creyentes porque su pasión por frustrarlos era muy intensa. Si nos ponemos en el lugar de Ananías, la situación parecía que podía ser una trampa. ¿Y si Saulo estaba fingiendo para atraer a los creyentes y arrestarlos? Es una pregunta lógica y prudente desde una perspectiva humana, pero Dios se lo dejó claro explícitamente a Ananías. «Ve, porque él es mi instrumento elegido para llevar mi mensaje a los gentiles y a reyes, como también al pueblo de Israel; y le voy a mostrar cuánto debe sufrir por mi nombre» (Hechos 9:15-16).

Cuando estamos aprendiendo a ver espiritualmente, debemos confiar en Dios y dar un paso en la fe. Ananías puso su fe en Dios y obedeció sus instrucciones en lugar de sucumbir al miedo producido por su perspectiva humana. Saulo estaba a punto de hacer lo mismo y dar su primer paso de fe como creyente.

Dios no solo estaba restaurando la vista física de Saulo; también estaba abriendo los ojos del corazón de Saulo con el poder del Espíritu Santo:

> Así que Ananías fue y encontró a Saulo, puso sus manos sobre él y dijo: «Hermano Saulo, el Señor Jesús, quien se te apareció en el camino, me ha enviado para que recobres la vista y seas lleno del Espíritu Santo». Al instante, algo como escamas cayó de los ojos de Saulo y recobró la vista. Luego se levantó y fue bautizado. Después comió algo y recuperó las fuerzas.
>
> Hechos 9:17-19

Vemos que la transformación de Saulo, tanto física como espiritualmente, se había completado. Una vez más, nota cómo Dios usó esta situación para fortalecer la fe de Ananías mientras transformaba a Saulo. Ananías puso sus manos sobre este hombre que era conocido por ser un enemigo del Evangelio. Transmitió el mensaje de que Jesús lo había enviado para que Saulo pudiera ver de nuevo y ser lleno del Espíritu. Aunque Ananías ya podía ver espiritualmente, sin duda el milagro que se estaba produciendo ante él debió poner de manifiesto el poder de Dios.

Mira por dónde vas

Sin duda, al menos desde una perspectiva espiritual, la vida de Saulo era un desastre. No solo no vio la verdad de Cristo en su propia vida, sino que se empeñó en erradicar esta verdad en la vida de los demás. Básicamente, Saulo trabajaba para el enemigo persiguiendo a los creyentes y tratando de impedir que la Buena

Nueva del Evangelio se extendiera. Pero allí donde Saulo pensaba que estaba yendo no fue donde el apóstol que conocemos como Pablo terminó yendo.

Inmediatamente después de ser llenado con el Espíritu Santo, Saulo comenzó a hacer lo que debió ser impensable e inimaginable solo días antes: predicar el Evangelio de la gracia a través del poder de Jesús de Nazaret. Se nos dice que Saulo pasó varios días con los otros creyentes en Damasco y no perdió tiempo en hacer lo que originalmente había ido a impedir:

Y enseguida comenzó a predicar acerca de Jesús en las sinagogas, diciendo: «¡Él es verdaderamente el Hijo de Dios!». Todos los que lo oían quedaban asombrados. «¿No es este el mismo hombre que causó tantos estragos entre los seguidores de Jesús en Jerusalén? —se preguntaban—. ¿Y no llegó aquí para arrestarlos y llevarlos encadenados ante los sacerdotes principales?». La predicación de Saulo se hacía cada vez más poderosa, y los judíos de Damasco no podían refutar las pruebas de que Jesús de verdad era el Mesías.

Hechos 9:20-22

Si alguien le hubiera dicho a Saulo, el fanático judío que vivía para perseguir a los cristianos, el increíble impacto que tendría al difundir el Evangelio de Jesucristo, nunca les habría creído. Sin embargo, así es el poder de Dios en nuestras vidas para hacer lo que nosotros mismos nunca podríamos hacer por nuestra cuenta. Muchas veces pensamos que sabemos lo que estamos haciendo y cómo lo haremos. Nos basamos en la lógica y la probabilidad humanas, interpretando nuestras percepciones para ver solo lo que queremos ver, mientras permanecemos ciegos al poder de la verdad de Dios en nuestras vidas.

Cuando estamos llenos del Espíritu, renunciamos a nuestras propias agendas, horarios e itinerarios para ir a donde Él ordena cuando Él quiere que vayamos. Muchas veces, cuando permitimos que el Espíritu nos guíe, nos encontramos por fuera de nuestras zonas de confort y dentro del increíble plan de Dios para nuestras vidas. Aunque normalmente queremos saber a dónde vamos y qué podemos esperar, el plan de Dios trasciende la ruta que nosotros elegiríamos. Santiago nos advierte:

> Presten atención, ustedes que dicen: «Hoy o mañana iremos a tal o cual ciudad y nos quedaremos un año. Haremos negocios allí y ganaremos dinero». ¿Cómo saben qué será de su vida el día de mañana? La vida de ustedes es como la neblina del amanecer: aparece un rato y luego se esfuma. Lo que deberían decir es: «Si el Señor quiere, viviremos y haremos esto o aquello».
>
> Santiago 4:13-15

Ver claramente desde la perspectiva de Dios significa confiar en Él para que nos guíe.

Lo sabrás cuando lo veas

Cuando nos cegamos al poder de Dios dentro de nosotros, a menudo buscamos la satisfacción en otra parte, generalmente en alguna búsqueda pecaminosa que nos proporcione un placer temporal o una sensación de poder sobre nuestras vidas. Saulo creía que por seguir todas las reglas de la Ley de Moisés según las tradiciones judías, era un hombre justo. Aquellos que se negaban a seguir estas leyes y costumbres debido a la libertad que encontraban en Jesús claramente enfurecían a Saulo porque estos creyentes amenazaban su sistema de autojustificación. Tuvo que encontrar a Cristo y experimentar la ceguera física para superar la ceguera espiritual que era su problema central.

Aunque la mayoría de nosotros no perdemos nuestra visión física cuando nuestra visión espiritual se oscurece; sin embargo, experimentamos ceguera. Quizá no vemos la verdad sobre una relación que nos está perjudicando, y nos convencemos de seguir en una situación peligrosa. Puede que nos endeudemos más en lugar de ver la cruda verdad sobre el estado de nuestras finanzas. Podríamos negar nuestra salud física o el impacto de un trauma persistente en nuestras vidas. Vemos lo que queremos ver y nos negamos a ver la verdad de nuestra situación, tanto objetiva como espiritual.

A menudo, cuando nos cegamos a la verdad, nos fijamos en algo que creemos que nos llenará. Si esta relación no funcionó, tal vez la próxima lo haga. Si el problema es el gasto, entonces más dinero nos ayudará. Si nuestro cuerpo nos causa dolor, entonces la medicación o el alcohol pueden embotar nuestros sentidos y disminuir nuestro sufrimiento. Sin embargo, al final nos damos cuenta de que solo podemos ignorar lo que nos hemos negado a ver durante tanto tiempo. Entonces la verdad, de una forma u otra, nos abre los ojos a lo que nos hemos estado perdiendo.

Jesús contaba a menudo parábolas para ilustrar sus enseñanzas, y quizá ninguna ejemplifique nuestros intentos humanos de encontrar lo que nos falta de forma tan conmovedora como la historia de un padre y sus dos hijos. Mientras que el hijo menor, o pródigo, como se le suele llamar, tenía ojos con pupilas, iris y retinas que funcionaban normalmente, sufría una ceguera aguda respecto a lo que más quería en la vida. Aparentemente, sentía como si le faltara algo que le satisficiera más que la vida en casa. Dudo que supiera lo que era, pero supuso que lo sabría cuando lo viera.

Cegado por el deseo

Ya sea por aburrimiento o por arrogancia o simplemente por inmadurez, o por algún híbrido de estas variables y otras, el hijo menor se negaba a ver un futuro que le exigiera posponer la vida que creía desear. «"Quiero la parte de mi herencia ahora, antes de que mueras". Entonces el padre accedió a dividir sus bienes entre sus dos hijoss» (Lucas 15:12). Pero me atrevo a decir que el hijo menor no experimentó la plenitud que probablemente había imaginado:

> «Pocos días después, el hijo menor empacó sus pertenencias y se mudó a una tierra distante, donde derrochó todo su dinero en una vida desenfrenada. Al mismo tiempo que se le acabó el dinero, hubo una gran hambruna en todo el país, y él comenzó a morirse de hambre. Convenció a un agricultor local de que lo contratara, y el hombre lo envió al campo para que diera de comer a sus cerdos. El joven llegó a tener tanta hambre que hasta las algarrobas con las que alimentaba a los cerdos le parecían buenas para comer, pero nadie le dio nada».
>
> Lucas 15:13-16

Este joven solo podía ver un futuro en el que disfrutara de lo que sabía que algún día sería suyo. Pensó: «¿Por qué esperar?», y tuvo la audacia de pedirle a su padre que le diera su herencia de inmediato. Hay que tener en cuenta que esto era esencialmente decirle a su padre: «Me gustaría que estuvieras muerto. Conseguir tu dinero ahora es más importante para mí que nuestra relación». O bien el hijo menor no vio el impacto que su petición egoísta tendría en su padre y en su relación, o simplemente no le importaba. En cualquier caso, el hijo menor era un hombre ciego.

Cegado por sus propios deseos de aventura, emoción y placer, el joven descubrió que conseguir lo que quieres solo proporciona un golpe temporal de lo que realmente anhelas. Nunca podremos mantener nuestra ceguera a lo que es verdadero sobre nosotros, verdadero sobre Dios y verdadero sobre nuestra necesidad de Dios. Nada de lo que perseguimos —dinero, casas, ropa, joyas, posesiones, logros, belleza, celebridad, fama en las redes sociales, *nada*— satisface el anhelo espiritual que tenemos de la presencia del Espíritu Santo de Dios en nuestras vidas.

El joven gastó toda su herencia y se encontró empobrecido en el peor momento posible: en medio de una hambruna. No había mirado al futuro ni se había preparado para la adversidad, y había cortado las relaciones con su familia. Pero cuando ya no podía mantener la ilusión, cuando había despilfarrado su dinero y tocado fondo, y cuando estaba solo en el comedero de los cerdos, las escamas metafóricas cayeron de sus ojos.

Entra en razón

Una vez que ya no pudo sostener su ceguera, el joven se encontró humillado por sus propias decisiones. No había nadie a quien culpar sino a sí mismo, pero enfrentarse a la verdad sin anteojeras requería experimentar el dolor, el arrepentimiento y la soledad de su terrible situación. Pero incluso en medio de tal confusión emocional, física y espiritual, el joven vio algo más que era inequívocamente cierto:

«*Cuando finalmente entró en razón*, se dijo a sí mismo: "En casa, hasta los jornaleros tienen comida de sobra, ¡y aquí estoy yo, muriéndome de hambre! Volveré a la casa de mi padre y le diré: 'Padre, he pecado contra el cielo y contra ti. Ya no soy digno de que me llamen tu hijo. Te ruego que me contrates como jornalero'". Entonces regresó a la casa de su padre».

Lucas 15:17-20, énfasis añadido

Me encanta esa frase: «cuando finalmente entró en razón». Expresa a la perfección el momento de «¡Ajá!» que experimentamos cuando vemos la verdad y nos damos cuenta de lo que hemos estado pasando por alto, negando o ignorando. Como si despertara de un mal sueño, el joven obtuvo una claridad meridiana de sí mismo y de su situación. Ya no podía fingir ser el vagabundo amante de la fiesta que solo buscaba divertirse. Ya no podía eludir las consecuencias de sus actos. El hijo pródigo llegó a su punto más bajo y miró la vida desde debajo de una cubeta para cerdos. Pero cuando recuperó el sentido común, ese punto de vista rompió su ceguera.

¿Hay áreas de tu vida en las que necesitas entrar en razón? Cuando te enfrentas a un día difícil, ¿cómo respondes?

¿Exiges tu herencia de inmediato y te sientes con derecho a encontrar alivio a través de un hábito dañino, una vieja adicción o un placer temporal? ¿Apoyas la imagen de ti mismo que quieres que vean los demás en lugar de la persona débil y empobrecida que eres en ese momento? ¿Envidias lo que tienen los demás y asumes que su felicidad solo puede encontrarse en tus propios objetivos? No son preguntas fáciles de responder, amigo mío, pero es hora de abrir los ojos a lo que te has estado perdiendo. Es hora de ver lo que Dios quiere

ES HORA DE ABRIR TUS OJOS.

hacer en tu vida. Ya sea que te hayas alejado de Dios y sepas que es hora de volver a casa, o que hayas sido cegado por las distracciones y exigencias de la vida, es hora de abrir los ojos.

Deja caer la venda

Cuando el hijo pródigo abrió los ojos, es posible que se sorprendiera, como se sorprendió Saulo por lo que experimentó, o como se sorprendió el ciego sanado por Jesús. Humillado y consciente por fin de lo que se había perdido, el joven debió preguntarse si sus ojos le estaban jugando una mala pasada:

«Cuando todavía estaba lejos, su padre lo vio llegar. Lleno de amor y de compasión, corrió hacia su hijo, lo abrazó y lo besó. Su hijo le dijo: "Padre, he pecado contra el cielo y contra ti, y ya no soy digno de que me llamen tu hijo". Sin embargo, su padre dijo a los sirvientes: "Rápido, traigan la mejor túnica que haya en la casa y vístanlo. Consigan un anillo para su dedo y sandalias para sus pies. Maten el ternero que hemos engordado. Tenemos que celebrar con un banquete, porque este hijo mío estaba muerto y ahora ha vuelto a la vida; estaba perdido y ahora ha sido encontrado". Entonces comenzó la fiesta».

Lucas 15:20-24

Cuando buscamos poder, propósito y paz en cualquier cosa que no sea Dios, subestimamos todo lo que Él tiene para nosotros. Cuando nos impacientamos y exigimos nuestra herencia ahora mismo en lugar de confiar pacientemente y esperar en el Señor, pasamos por alto la abundancia de bendiciones que tenemos frente a nosotros. Cuando por fin abrimos los ojos a lo que nos hemos estado perdiendo, nos damos cuenta de que Dios viene corriendo a colmarnos de su abundante amor. Él no solo nos da la bienvenida a casa con la gracia y el perdón, sino que nos celebra con sus extravagantes bendiciones.

Con demasiada frecuencia esperamos juicio y condena en lugar de gracia y misericordia. Demasiado a menudo aceptamos la depresión y la desesperación en lugar de la alegría y la paz. Demasiado a menudo nos conformamos con menos de la porción que Dios quiere darnos.

Nos vendamos los ojos con la negatividad, la preocupación, el estrés, la ira y la ansiedad en lugar de abrir los ojos al poder del Espíritu en nosotros. Perseguimos lo que no puede satisfacernos y nos cansamos de nuestros esfuerzos. Luchamos en batallas que sabemos que no podemos ganar y nos preguntamos por qué ya nos sentimos derrotados; sin embargo, cuando abrimos los ojos al milagro de Dios en nuestro desorden, nos damos cuenta de que nuestras batallas le pertenecen a Él. De hecho, ya han sido ganadas por Él a través de la victoria de la resurrección.

Cuando el pueblo de Israel se sintió superado en número y abrumado por los ejércitos de sus adversarios, permitió que su miedo los cegara. Rodeados por enemigos más fuertes, más grandes y mejor equipados, los israelitas miraron a la izquierda y a la derecha, pero se olvidaron de mirar hacia arriba. Pero permíteme decirte lo mismo que Dios le dijo a su pueblo en esos momentos: «"¡No tengan miedo! No se desalienten por este poderoso ejército, porque la batalla no es de ustedes, sino de Dios"» (2 Crónicas 20:15). En otras palabras, ¡Él se encarga de la situación!

¿Mirarás hacia arriba y dejarás que Dios gane las batallas que has estado librando? ¿Dejarás que Jesús te abra los ojos? ¿Dejarás que las escamas que cegaban tu visión caigan al suelo para que puedas ver con claridad una vez más? ¿Darás la bienvenida a un nuevo encuentro con el Espíritu Santo para que puedas experimentar todo lo que te has estado perdiendo? Es hora de dejar caer las vendas que han estado bloqueando tu visión.

Deja caer la venda del miedo.
Deja caer la venda de la preocupación.
Deja caer la venda de la duda.
Deja caer la venda de la depresión.
Deja caer la venda de la ansiedad.
Deja caer la venda de la enfermedad.
Deja caer la venda de la bancarrota.
Deja caer la venda de la ruptura.
Deja caer la venda del quebrantamiento.

No permitas que nada te impida ver todo lo que el Señor tiene para ti. Si no es santo, no lo quieres. Si no es bendito, no lo necesitas. Si no va a dar a Dios toda la gloria, entonces no deseas ninguna parte de eso.

Es hora de quitar las anteojeras de las cosas que Dios nunca quiso que usaras. Él quiere que abras tus ojos a todo lo que te has estado perdiendo. El Espíritu Santo quiere abrir tus ojos a la perspectiva eterna de la vida eterna. Considera lo que Pablo, el mismo hombre que una vez fue Saulo, escribió a sus hermanos y hermanas en Cristo en la iglesia de Roma: «Así que como somos sus hijos, también somos sus herederos. De hecho, somos herederos junto con Cristo de la gloria de Dios; pero si vamos a participar de su gloria, también debemos participar de su sufrimiento» (Romanos 8:17). Abre los ojos a la realidad de ser hijo del Rey, coheredero de Jesucristo.

Abre tus ojos a la sanación.
Abre tus ojos a la abundancia.
Abre tus ojos a la satisfacción.
Abre tus ojos al propósito.
Abre tus ojos a la diferencia.
¡Abre tus ojos a la alegría!

ABRE TUS OJOS

A estas alturas, ya sabes que las siguientes preguntas se proporcionan para ayudarte a procesar y aplicar las verdades compartidas en este capítulo. Léelas lenta y cuidadosamente y permite que el Espíritu Santo abra tus ojos a la verdad que necesitas ver ahora mismo. Considera dónde has permitido que otras personas, circunstancias o tus propias emociones te cieguen a la realidad de quién eres en Cristo.

La breve oración que se ofrece a continuación es, una vez más, una forma de iniciar tu conversación con Dios sobre todo lo que estás aprendiendo y experimentando en este momento. Tómate unos minutos y aquieta tu corazón ante Él, escuchando la voz del Espíritu y la verdad de su Palabra que viene a tu mente. Pídele al Señor que te abra los ojos a todo lo que te has estado perdiendo y buscando en otros lugares.

1. ¿De qué manera la forma en que te ves a ti mismo te impide con frecuencia experimentar la verdad de tu identidad en Cristo? ¿Cuándo la forma en que otros te ven ha influido para verte a ti mismo de un modo diferente?

2. ¿Te identificas más con la ceguera de la justicia propia que experimentó Saulo/Pablo o con la ceguera del deseo egoísta que mostró el hijo pródigo? ¿Cómo ves la evidencia de este tipo de ceguera en tu vida ahora mismo?

3. ¿Qué te ha revelado Dios al abrir tus ojos con la presencia de su Espíritu dentro de ti?

4. ¿Qué milagro está actualmente en progreso en las partes desordenadas de tu vida?

Querido Señor, por favor perdóname por las veces que he buscado satisfacción en cualquier cosa que no seas tú. Me arrepiento y me alejo de mi ceguera autoimpuesta para poder ver con claridad y recibir las bendiciones que tú quieres dar. Retira todos los obstáculos que me impiden ver quién eres y cómo actúas en mi vida. Muéstrame dónde quieres que dé un paso en la fe, y dame la fuerza a través de tu Espíritu para dar el primer paso. Gracias, Dios, por seguir produciendo tu milagro a partir de mi desorden. En el nombre de Jesús, Amén.

Saliva sagrada

Abre tus ojos al Espíritu de Dios

No confundas tu proceso sucio con la promesa de limpieza de Dios.

Tú no tienes la saliva de Cristo: ¡tú tienes su Espíritu!

C uando pienso en la saliva, pienso en el ADN. Tal vez sea porque la saliva es utilizada a menudo por los médicos y científicos para descubrir el perfil genético de un ser humano. Aunque casi cualquier célula humana podría usarse para mapear el ADN de alguien, la saliva es rápida, fácil e indolora de presentar. El ADN, o ácido desoxirribonucleico, nombre bioquímico de la molécula que lleva la programación genética de todo lo vivo, es mucho más complejo. La molécula de ADN de los seres humanos, formada por dos hebras enrolladas una alrededor de la otra en una doble hélice, contiene 23 pares de cromosomas para un total de 46.[1]

Tal vez recuerdes de tus clases de biología en la escuela que a Francis Crick y James Watson se les suele atribuir la identificación y el descubrimiento de los secretos del ADN. Aunque su trabajo es decisivo, un médico suizo que trabajaba unos ochenta años antes fue el primero en identificar los «ladrillos» de la vida, a los que llamó «nucleína».[2] Tal vez recuerdes a un monje llamado Gregorio Mendel y los experimentos que realizó con plantas de arvejas para determinar lo que denominó rasgos hereditarios recesivos y dominantes. Desde entonces, la ciencia de la genética sigue revelando nuevos conocimientos sobre el cuerpo humano, las preferencias individuales y la dinámica familiar a lo largo de las generaciones.

Con más revelaciones de los investigadores, la popularidad de la genealogía y la investigación ancestral no hace más que aumentar. A las personas les gusta saber de dónde vienen y cómo las generaciones pasadas las llevaron a nacer. En pocas palabras, queremos saber cómo hemos llegado hasta aquí y cuál es nuestro lugar. Gracias a los avances en genética (la rama de la biología que se centra en los genes y la herencia) y a la digitalización del material de archivo, podemos saber más que nunca sobre los orígenes, la etnia y el recorrido generacional de nuestra familia.

Las principales empresas ofrecen ahora pruebas genéticas directas al consumidor para que las personas puedan descubrir su composición ancestral, así como las condiciones y predisposiciones de salud relacionadas con los genes. La mayoría de estas empresas exigen a los clientes que envíen una muestra de saliva que luego se someterá a pruebas y análisis. Los resultados permiten a los clientes rastrear sus raíces en árboles genealógicos que se remontan a cientos de años atrás. Este conocimiento puede ayudar a prevenir enfermedades y a prepararse para afecciones hereditarias como la diabetes y ciertos tipos de cáncer.

Aunque el ADN sigue revelando cada vez más cosas sobre el ser humano, hay algo que nunca podrá reflejar: la condición espiritual del corazón. Para revelar esa necesidad y, lo que es más importante, la única solución, hace falta algo más que escupir. Se necesita el *Espíritu*.

El ADN divino

Cuando consideras el estudio del ADN, puede que no pienses en uno de los milagros más desordenados de Jesús, pero sin embargo juega un papel crucial. Definitivamente, la forma que eligió Jesús para sanar al hombre ciego de nacimiento fue íntima e inesperada. Cristo no se limitó a poner las manos sobre el ciego. El Hijo de Dios conectó su humanidad con la calamidad del hombre.

Jesús transfirió algo dentro de sí mismo para sanar a alguien con una necesidad externa obvia para todos los que lo rodeaban. «Luego escupió en el suelo, hizo lodo con la saliva y lo untó en los ojos del ciego» (Juan 9:6). Cristo no eligió simplemente sanar a este hombre: literalmente le dio al ciego parte de sí mismo para que el hombre pudiera recibir algo que le había faltado desde su nacimiento. Jesús le dio a este hombre su ADN divino.

Aunque los discípulos esperaban que Jesús sanara a este hombre de su ceguera, sospecho que incluso ellos se sorprendieron por el método de su Maestro. Escupir, el acto de expulsar saliva o algo de la boca, era probablemente un hábito personal, entonces como ahora, que uno no hacía públicamente. No solo escupió en el suelo, sino que Jesús utilizó su saliva para hacer una pasta de barro que luego untó sobre los ojos del ciego que no funcionaban. No hay manera de evitar lo obvio aquí: la saliva y el barro son... sucios. Sucios. Mugrientos. Sucios como la tierra. Básicos.

Pero ¿podría haber una metáfora mejor para la forma en que Jesús continúa restaurando nuestra vista hoy en día? El método poco ortodoxo que utilizó para facilitar un milagro refleja su voluntad de entrar en el desorden, la oscuridad y el barro de nuestras vidas. A veces, el proceso es turbio. A veces el proceso es complicado. A veces nos ensuciamos al vivir la vida antes de limpiarnos con el Dador de la vida eterna.

A VECES EL PROCESO ES COMPLICADO.

Incluso después de conocer al Señor, a menudo caemos en viejos hábitos y patrones de pensamiento que nos dejan aún más vulnerables a las tentaciones y trampas del enemigo. Ya sea que se trate de chismes sobre aquellos que nos desagradan en el trabajo, de hacer trampa en nuestros informes financieros, de mentir a nuestros seres queridos, de idolatrar las redes sociales o de ceder a un comportamiento ilícito, sabemos que no estamos haciendo lo que Dios quiere que hagamos. En lugar de vivir según sus directrices y el poder de su Espíritu Santo, intentamos seguir nuestro propio camino.

Sin embargo, los resultados finalmente nos alcanzan. Mientras nos sentimos culpables cuando el Espíritu convence a nuestra conciencia, podemos hundirnos en la vergüenza que solo nos arrastra más profundamente en el dolor, el arrepentimiento y los placeres pecaminosos. Así que nos esforzamos más. Puede que incluso experimentemos un pequeño progreso, hasta que la vida vuelve a cerrarse sobre nosotros. Las facturas se acumulan. Palabras duras atraviesan nuestro corazón. Los miembros de la familia nos traicionan. Entonces nos sentimos débiles y anhelamos un consuelo inmediato, alguna forma de escapar de nuestro dolor y miseria.

Hundiéndonos más en la ceguera de nuestras elecciones y consecuencias pecaminosas, queremos volver a ver pero no estamos seguros de cómo hacerlo. Como describió el apóstol Pablo: «Yo sé que en mí, es decir, en mi naturaleza pecaminosa no existe nada bueno. Quiero hacer lo que es correcto, pero no puedo. Quiero hacer lo que es bueno, pero no lo hago. No quiero hacer lo que está mal, pero igual lo hago» (Romanos 7:18-19). ¡Gracias a Dios, tenemos un Salvador que nunca ha tenido miedo de ensuciarse!

Enviado para los pecadores

Jesús no solo no se inmutaba y no tenía miedo de ensuciarse, sino que también era conocido por juntarse con personas que tenían una reputación menos que intachable. A Cristo no le preocupaba lo que los demás pudieran decir de Él, quizá especialmente cuando se trataba de los pecadores con los que se relacionaba. De hecho, algunos de ellos se convirtieron en sus discípulos, lo que ciertamente causó un gran revuelo entre los líderes religiosos que se consideraban más justos que otros:

Mientras caminaba, Jesús vio a un hombre llamado Mateo sentado en su cabina de cobrador de impuestos. «Sígueme y sé mi discípulo», le dijo Jesús. Entonces Mateo se levantó y lo siguió. Más tarde, Mateo invitó a Jesús y a sus discípulos a una cena en su casa, junto con muchos cobradores de impuestos y otros pecadores de mala fama. Cuando los fariseos vieron esto, preguntaron a los discípulos: «¿Por qué su maestro come con semejante escoria?». Cuando Jesús los oyó, les dijo: «La gente sana no necesita médico, los enfermos sí». Luego añadió: «Ahora vayan y aprendan el significado de la siguiente Escritura: "Quiero que tengan compasión, no que ofrezcan sacrificios". Pues no he venido a llamar a los que se creen justos, sino a los que saben que son pecadores».

Mateo 9:9-13

Ten en cuenta que los recaudadores de impuestos durante este tiempo a menudo eran considerados inescrupulosos, codiciosos y deshonestos. Recaudaban todo lo posible de los ciudadanos, entregaban la menor cantidad aceptable para el gobierno romano y los funcionarios judíos, y luego se quedaban con el resto para a sí mismos. Aparentemente, mentir y robar era parte del trabajo de muchos recaudadores de impuestos. El hecho de que Jesús le pidiera a Mateo que lo siguiera era de por sí escandaloso. Pero luego, cenar en la casa de Mateo con otros recaudadores de impuestos y pecadores variados era inimaginable.

Cuando los fariseos preguntaron a los discípulos de Jesús por qué el hombre que decía ser el Mesías haría un acto tan impío, recibieron una respuesta del propio Jesús, que los había escuchado. Les dijo que Él no estaba allí para los justos, para los espiritualmente sanos, sino para los pecadores, los que tenían la enfermedad del pecado en sus almas. En otras palabras, Jesús les dijo que estaba allí para ensuciarse.

Su respuesta a ellos resuena con la respuesta que Jesús dio a sus discípulos cuando vieron al ciego y preguntaron: «Rabí, ¿por qué nació ciego este hombre? —le preguntaron sus discípulos—. ¿Fue por sus propios pecados o por los de sus padres?» (Juan 9:2). Lo más probable es que su pregunta no fuera malintencionada o injustificada. En el mundo judío de la ley, la mayoría de los asuntos de pecado se identificaban por las apariencias externas y los comportamientos, más que por los pensamientos en la mente y las actitudes en el corazón. Este sistema condicionaba a los líderes religiosos a centrarse solo en su comportamiento público, no en sus palabras y actos privados.

Pero este sistema legalista no proporcionaba ninguna excusa para sus formas pecaminosas. Dios siempre se ha preocupado sobre todo por lo que hay en nuestro corazón. Cuando instruyó al profeta Samuel para que ungiera al próximo rey de Israel, Dios dijo: «El SEÑOR no ve las cosas de la manera en que tú las ves. La gente juzga por las apariencias, pero el SEÑOR mira el corazón» (1 Samuel 16:7).

Este enfoque espiritual interior también explica por qué Jesús reprendió repetidamente a los fariseos y saduceos por su hipocresía. El doble rasero de su hipocresía se ilustra adecuadamente con el problema de un plato sucio:

«¡Qué aflicción les espera, maestros de la ley religiosa y fariseos! ¡Hipócritas! ¡Pues se cuidan de limpiar la parte exterior de la taza y del plato pero ustedes están sucios por dentro, llenos de avaricia y se permiten todo tipo de excesos! ¡Fariseo ciego! Primero lava el interior de la taza y del plato, y entonces el exterior también quedará limpio».

Mateo 23:25-26

Jesús dejó claro que debemos empezar desde adentro hacia afuera, con nuestros corazones. Seguir los pasos de la conducta justa, por difícil que sea, siempre será más fácil que confesar la verdad de nuestro corazón pecador ante Dios y los demás y recibir el perdón y la misericordia. Por supuesto, Jesús es la única manera en que podemos limpiar nuestros corazones y cumplir con nuestras acciones. Lo que nos lleva a su respuesta a la pregunta de los discípulos sobre la correlación causal entre el pecado y la condición del ciego. «No fue por sus pecados ni tampoco por los de sus padres —contestó Jesús—. Nació ciego para que todos vieran el poder de Dios en él» (Juan 9:3). Jesucristo brilla con la gracia de Dios para gloria de su Padre.

Basado en la gracia

Este patrón de búsqueda e interacción con los marginados sociales y la gente de mala reputación continuó a lo largo del ministerio de Jesús. Además de Mateo, Cristo también se encontró con una mujer «de mala vida» (Lucas 7:37), que probablemente incluía la prostitución, una mujer samaritana con cinco maridos y un amante (ver Juan 4:1-26), y Zaqueo, un rico recaudador de impuestos (ver Lucas 19:1-10). Sin embargo, uno de los encuentros más dramáticos de Cristo ocurrió cuando los líderes religiosos judíos arrastraron ante Él a una mujer que había sido sorprendida en adulterio.

Pero muy temprano a la mañana siguiente, estaba de vuelta en el templo. Pronto se juntó una multitud, y él se sentó a enseñarles. Mientras hablaba, los maestros de la ley religiosa y los fariseos le llevaron a una mujer que había sido sorprendida en el acto de adulterio; la pusieron en medio de la multitud.

«Maestro —le dijeron a Jesús—, esta mujer fue sorprendida en el acto de adulterio. La ley de Moisés manda apedrearla; ¿tú qué dices?».

Intentaban tenderle una trampa para que dijera algo que pudieran usar en su contra, pero Jesús se inclinó y escribió con el dedo en el polvo. Como ellos seguían exigiéndole una respuesta, él se incorporó nuevamente y les dijo: «¡Muy bien, pero el que nunca haya pecado que tire la primera piedra!». Luego volvió a inclinarse y siguió escribiendo en el polvo.

Al oír eso, los acusadores se fueron retirando uno tras otro, comenzando por los de más edad, hasta que quedaron solo Jesús y la mujer en medio de la multitud. Entonces Jesús se incorporó de nuevo y le dijo a la mujer:

—¿Dónde están los que te acusaban? ¿Ni uno de ellos te condenó?

—Ni uno, Señor —dijo ella.

—Yo tampoco —le dijo Jesús—. Vete y no peques más.

Juan 8:2-11

Fíjate en la trampa que estos religiosos legalistas le tendieron a Cristo. Querían ver de qué manera si Jesús, quien era conocido por enseñar la misericordia y la gracia, dispensaría la Ley de Moisés, que requería que la mujer fuera apedreada hasta morir. Si lo hacía, entonces Cristo estaría infringiendo la ley romana al abogar por el asesinato. Seguramente debieron pensar que tenían a Jesús acorralado sin ninguna salida. De una manera u otra, lo atraparían. Sin embargo, Jesús permaneció en silencio. Se inclinó para escribir en el polvo con su dedo.

Cuando los líderes siguieron interrumpiendo su respuesta, Jesús les dio la vuelta a la tortilla como solo Él podía hacerlo. Básicamente, les dijo: «Está bien. Adelante, castíguenla. Pero solo los que están libres de pecado pueden tirar piedras». Entonces Él escribió en la tierra una vez más. Cristo dio una respuesta que estaba intercalada entre lo que escribió en la tierra, que no se nos revela. Algunos estudiosos especulan que tal vez Jesús escribió los nombres de los acusadores y sus pecados secretos. Otros se preguntan si tal vez Cristo estaba proporcionando una ayuda visual para su punto de vista de que todo el mundo tiene suciedad, o pecado, en sus vidas.

Independientemente de lo que Jesús escribió en el suelo, utilizó el mismo polvo para crear barro para el ciego. Mostró que era consciente de que todos los seres humanos llevan la sucia mancha del pecado, que es, de hecho, la razón por la que vino Cristo. Su respuesta a los líderes religiosos no solo evitó su maliciosa trampa, sino que demostró el perfecto equilibrio entre justicia y misericordia, entre castigo y gracia. Esta es la verdad que vemos revelada en otras partes del Nuevo Testamento. «Pues todos hemos pecado; nadie puede alcanzar la meta gloriosa establecida por Dios. Sin embargo, en su gracia, Dios gratuitamente nos hace justos a sus ojos por medio de Cristo Jesús» (Romanos 3:23-24). En lugar de apedrear a esta mujer con la Ley, Jesús la fundamentó en su gracia.

Divinidad ahora accesible

Cuando Jesús utilizó su saliva sagrada, su ADN divino, para hacer un milagro con el barro, nos recordó que debemos centrarnos en la perfección de su promesa, no en el desorden de su método. El proceso es temporal mientras que la promesa es permanente. Aunque el Dios del resultado es el mismo Dios del proceso, a menudo nos cegamos tanto por nuestro dolor, decepción, ira y pena que nos desorientamos sobre lo que es verdad. Empezamos a confundir aquello por lo que estamos pasando con el lugar al que nos dirigimos.

Sé que la vida puede ser dura, incluso brutal. Vivimos en un mundo que parece haberse salido de su eje, dejando daños colaterales de pandemias y pandemónium a diestra y siniestra. El alquiler sube, el precio de la gasolina sube y el costo de la vida sube mientras nuestro sueldo se mantiene igual. Los seres queridos luchan, y sus luchas hieren nuestro corazón. Los hijos adultos se alejan del hogar y se alejan del Señor, y nuestro dolor se multiplica. La preocupación, la ansiedad, la depresión y la incertidumbre se turnan para abrumarnos cada hora.

Pero no importa por lo que estés pasando, amigo mío, permíteme recordarte que tu yo temporal ha seguido su curso mientras que tu yo permanente apenas está comenzando. Porque si estás pasando por lo que nunca has experimentado antes, es solo porque estás a punto de entrar a lo que nunca has entrado antes. Tu ADN no es el mismo que el de Cristo. Cuando Jesús transfirió su ADN a los ojos del hombre ciego, nos dio un estudio de contrastes para lo que no podemos ver ahora pero que veremos a través de los ojos de nuestros corazones por el poder de su Espíritu. Si queremos ver espiritualmente, entonces debemos estar dispuestos a abrir nuestros ojos por fe, aun cuando haya lodo de nuestro pasado oscureciendo nuestra visión. La Palabra de Dios nos dice: «La fe demuestra la realidad de lo que esperamos; es la evidencia de las cosas que no podemos ver» (Hebreos 11:1).

En otras palabras, con tu ADN no puedes ver.
Pero con su ADN, verás *su gloria*.
Con tu ADN eres una víctima.
Con su ADN eres *más que un conquistador*.
Con tu ADN estás limitado.
Con su ADN puedes hacer *todas las cosas* a través de Cristo
    que te da fuerza.
Con tu ADN, sacarás excusas.
Pero con su ADN *harás historia*.

Tal vez tu ADN signifique ácido desoxirribonucleico, pero su ADN significa «Divinidad ahora accesible» (DNA por las siglas en inglés: Divinity Now Accessible). Hace más de dos mil años, Jesús caminó por este planeta como un ser humano de carne y hueso. Murió, resucitó, ascendió al cielo y transfirió mucho más de lo que podría contener el ADN de su saliva. Lo que Cristo nos dio no fue su saliva, sino su Espíritu.

Poder celestial

Cuando piensas en los regalos que has recibido, ¿cuáles son algunos de los mejores? ¿Tal vez una gran cantidad de dinero en efectivo en la graduación o cuando te casaste? ¿Una pieza especial de joyería en un cumpleaños o aniversario? ¿Tal vez un auto para Navidad, como los que los fabricantes de automóviles intentan mostrar en sus anuncios navideños? Sean cuales sean tus mejores regalos, te prometo que ninguno puede compararse con el regalo que te ha dado Jesús.

Con demasiada frecuencia, tendemos a pensar que los regalos son objetos tangibles y posesiones materiales de especial valor. Pero los mejores regalos suelen superar nuestras expectativas. Son los regalos que no sabíamos que necesitábamos. O que no nos damos cuenta de que son más poderosos de lo que podríamos suponer.

Tal es el caso del regalo que Jesús dejó a sus seguidores. Aunque había aludido a este regalo antes de su muerte (ver Juan 15:26), después de su resurrección, Jesús hizo saber a los discípulos que la llegada de su regalo era inminente:

> Durante los cuarenta días después de que sufrió y murió, Cristo se apareció varias veces a los apóstoles y les demostró con muchas pruebas convincentes que él realmente estaba vivo. Y les habló del reino de Dios. Una vez, mientras comía con ellos, les ordenó:

«No se vayan de Jerusalén hasta que el Padre les envíe el regalo que les prometió, tal como les dije antes. Juan bautizaba con agua, pero en unos cuantos días ustedes serán bautizados con el Espíritu Santo». Así que mientras los apóstoles estaban con Jesús, le preguntaron con insistencia:

—Señor, ¿ha llegado ya el tiempo de que liberes a Israel y restaures nuestro reino?

Él les contestó:

—Solo el Padre tiene la autoridad para fijar esas fechas y tiempos, y a ustedes no les corresponde saberlo; pero recibirán poder cuando el Espíritu Santo descienda sobre ustedes; y serán mis testigos, y le hablarán a la gente acerca de mí en todas partes: en Jerusalén, por toda Judea, en Samaria y hasta los lugares más lejanos de la tierra.

Hechos 1:3-8

Como Jesús sabía que los discípulos estaban haciendo planes para cuando Él ya no estuviera con ellos, les ordenó que se esperaran hasta que recibieran el don del Espíritu Santo. Su respuesta revela mucho sobre cómo seguimos reaccionando cuando queremos conectar con Dios y tener acceso a su poder. Los discípulos rodearon a Jesús y le preguntaron si sería cuando restaurara el reino de Israel. Querían saber fechas y detalles de cuándo Cristo derrocaría a los romanos y restablecería la independencia de Israel.

Incluso después de todo lo que habían pasado juntos, después de todo lo que habían oído decir a Jesús y de lo que le habían visto hacer, aparentemente los discípulos, algunos de ellos al menos, asumieron que Jesús iba a restaurar a Israel a través de métodos terrenales. Pero Jesús dejó claro que eso no les incumbía. «Solo el Padre tiene la autoridad para fijar esas fechas y tiempos, y a ustedes no les corresponde saberlo» (Hechos 1:7). Debían centrarse, en cambio, en el poder que recibirían a través del Espíritu Santo, que les permitiría compartir el Evangelio por todo el mundo conocido en ese momento y hasta los confines de la tierra.

Con demasiada frecuencia, me pregunto si queremos fechas, horas y detalles de Dios cuando Él quiere darnos más de su Espíritu y más de su poder. Estamos enfocados en el «cuándo» y Él está enfocado en darnos el «cómo». No podemos ver el camino a seguir, así que queremos que el Señor nos lo aclare. «Sé que me vas a ayudar a superar esta prueba, Señor», decimos, «pero ¿cómo va a ser eso y cuándo terminará? ¿Podrías darme la hora y la fecha?».

Cuando te obsesionas con los detalles de lo que Dios está haciendo en tu vida, puedes perderte la entrega. Cuando te enfocas solo en lo desordenado que parece tu proceso, puedes perderte el milagro de su promesa. Cuando estás cegado por los obstáculos temporales del presente, puedes perderte la perspectiva eterna de tu futuro.

Si pensamos que tenemos que entender cómo funciona el milagro antes de recibirlo, entonces estamos obstaculizando lo que Dios quiere darnos. Nuestro cerebro es un órgano maravilloso en nuestro cuerpo. Nuestro intelecto es un regalo que nos ayuda a razonar, pensar, recordar, analizar, crear y elegir. Sin embargo, nuestra mente puede interponerse en el camino de recibir el Espíritu de Dios si dejamos que nuestras formas racionales y lógicas guarden las puertas de nuestro corazón.

Imagina que el hombre ciego de nacimiento hubiera limitado el milagro de su propia sanación centrándose en el método que eligió Jesús. «Señor, ¿acabas de escupir en el suelo? Ah, sé que eres el Hijo de Dios y todo eso, pero eso es un poco asqueroso. Ah, ¿y ahora estás frotando tu saliva en la tierra para hacer barro?

Eso suena muy sucio y desordenado, así que, por favor, no te acerques a mí con tus manos llenas de barro. ¿Estás poniendo eso sobre mis ojos ahora mismo? Aaah, ¡por favor no hagas eso! ¿Cómo puede el barro darme la vista?».

Podemos reírnos de lo absurdo de una respuesta tan miope, pero ¿cuántas veces nos resistimos básicamente al poder que Dios quiere darnos porque nos parece demasiado sucio? ¿Con qué frecuencia perdemos oportunidades de recibir todos los recursos del Espíritu Santo porque creemos que no se siente como nosotros pensamos? Esperamos detalles terrenales y Dios nos da poder celestial.

> SI PENSAMOS QUE NECESITAMOS ENTENDER CÓMO FUNCIONA EL MILAGRO ANTES DE RECIBIRLO, ENTONCES NOS ESTAMOS INTERPONIENDO EN EL CAMINO DE LO QUE DIOS QUIERE DARNOS.

Pensamos que estamos esperando de Dios lo que hemos estado pidiendo recibir, y Él está esperando que nos demos cuenta de que ya tenemos acceso a ello a través del poder de su Espíritu.

Soplando en el viento

Cuando llegó el don del Espíritu Santo, fue inconfundible. Como los discípulos se habían centrado en los detalles y las fechas en su conversación antes de la ascensión, tal vez Cristo quería asegurarse de que se dieran cuenta de que era esto. Porque no hubo nada sutil en su llegada ni en su impacto.

El día de Pentecostés, todos los creyentes estaban reunidos en un mismo lugar. De repente, se oyó un ruido desde el cielo parecido al estruendo de un viento fuerte e impetuoso que llenó la casa donde estaban sentados. Luego, algo parecido a unas llamas o lenguas de fuego aparecieron y se posaron sobre cada uno de ellos. Y todos los presentes fueron llenos del Espíritu Santo y comenzaron a hablar en otros idiomas, conforme el Espíritu Santo les daba esa capacidad.

Hechos 2:1-4

Cuando los seguidores de Jesús comenzaron a hablar en lenguas espirituales, empezaron a atraer a una multitud. La variedad de lenguas que la gente oía hablar los atraía. Al principio, estos espectadores supusieron que estos creyentes llenos del Espíritu estaban borrachos de vino, pero entonces Pedro comenzó a explicar. Aprovechó la oportunidad para predicar el Evangelio. El poder y el movimiento de este nuevo Espíritu hablando a través de Pedro tuvieron un enorme impacto para el Reino de Dios. «Los que creyeron lo que Pedro dijo fueron bautizados y sumados a la iglesia en ese mismo día, como tres mil en total» (Hechos 2:41).

Tenemos muchos otros ejemplos de la actuación del Espíritu Santo en la Iglesia primitiva. Y el poder que recibieron aquellos seguidores de Jesús es el mismo que recibimos nosotros cuando aceptamos el don de la salvación de Dios a través de Jesús e invitamos al Espíritu a que habite en nuestros corazones. La Biblia promete: «El Espíritu de Dios, quien levantó a Jesús de los muertos, vive en ustedes; y así como Dios levantó a Cristo Jesús de los muertos, él dará vida a sus cuerpos mortales mediante el mismo Espíritu, quien vive en ustedes» (Romanos 8:11).

Amigo mío, tienes el poder de la resurrección de Jesucristo habitando en ti. Este es el mismo tipo de poder para vencer a la muerte que Dios utilizó para resucitar a su Hijo de entre los muertos. A través del poder del Espíritu Santo no hay nada que no puedas lograr para la gloria de Dios. Simplemente tienes que permitir que el barro se desprenda para que puedas ver con claridad. Solo debes salir con fe y descubrir todo lo que Dios tiene para ti.

No importa qué tan sucia, enlodada o mugrienta creas que se ha vuelto tu situación, si has sido lavado en la sangre del Cordero, entonces puedes ser más blanco que la nieve. Puede que hayas metido la pata, cedido, caído, trastabillado, tropezado y permanecido abajo más veces de las que puedes contar. Pero siempre te levantarás de nuevo por el poder de la resurrección que infunde cada onza de tu ser.

Espíritu imparable

Cuando recibimos el Espíritu Santo, experimentamos una amistad divina como ninguna otra. Antes de su muerte y resurrección, Jesús dijo a sus seguidores: «Y yo le pediré al Padre, y él les dará otro Abogado Defensor, quien estará con ustedes para siempre. Me refiero al Espíritu Santo, quien guía a toda la verdad» (Juan 14:16-17). La palabra traducida como *abogado* aquí es del griego *parakaleo*, o *paraclete*, que también significa «consejero, amigo y ayudante».[3] De hecho, el término se refiere literalmente a alguien llamado a su lado para ayudarle a llevar algo pesado, como un tronco.

Una vez que el Espíritu de Dios ha entrado a nuestras vidas, nunca estamos solos. Él nos guía, nos conoce, nos consuela y nos revela cosas. Nos da poder y nos ilumina. Nos devuelve la vista cuando estamos temporalmente cegados por las circunstancias, las emociones o las tentaciones. El Espíritu Santo hace todo esto y mucho más. Pero permítanme aclarar lo que *no* es:

El Espíritu Santo no es una denominación.
El Espíritu Santo no es una red.
El Espíritu Santo no es una emoción.
El Espíritu Santo no es una experiencia.
El Espíritu Santo no es un momento.
El Espíritu Santo no es un servicio.
El Espíritu Santo no es una conferencia.
El Espíritu Santo no es una ideología.
El Espíritu Santo no es una filosofía.
El Espíritu Santo no es una aplicación.

¡Simplemente, el Espíritu Santo es la persona y la fuerza más poderosa en el planeta Tierra hoy en día! Esto significa que el espíritu más poderoso que existe hoy en día no es el espíritu de la cultura de la cancelación. No es el espíritu del socialismo o del comunismo, del consumismo o del capitalismo. No es el espíritu del aborto o de la pedofilia. No es el espíritu del éxito y la fama, los medios sociales o los influenciadores en línea.

¡El Espíritu inequívocamente más poderoso en nuestro planeta hoy en día sigue siendo el Espíritu Santo de Dios Todopoderoso, el Consolador, el Abogado, el Paráclito!

La Palabra de Dios nos asegura que:

- «No es por el poder ni por la fuerza, sino por mi Espíritu, dice el SEÑOR de los Ejércitos Celestiales» (Zacarías 4:6).
- «Recibirán poder cuando el Espíritu Santo descienda sobre ustedes» (Hechos 1:8).
- «Donde está el Espíritu del Señor, allí hay libertad» (2 Corintios 3:17).

¿Crees que el Espíritu Santo está trabajando en tu vida ahora mismo en este momento?

Si lo crees, *alaba* como si tuvieras ese Espíritu.
Si lo crees, *ora* como si tuvieras ese Espíritu.
Si lo crees, *profetiza* como si tuvieras ese Espíritu.
Si lo crees, *vive* como si tuvieras ese Espíritu.

«No apaguen al Espíritu» (ver 1 Tesalonicenses 5:19) enfangándose en el barro. Nada puede detener el poder del Espíritu Santo cuando se desata en tu vida. No hay una orden ejecutiva, una decisión de la Corte Suprema, una iniciativa legislativa, una ley universal o una campaña en los medios sociales que tenga el poder de detener el movimiento del Espíritu Santo sobre la faz de la tierra. No la guerra, el hambre, la enfermedad, el desastre o la calamidad. Ni la traición, la bancarrota o la amargura.

La Casa Blanca no puede detener al Espíritu.
El Congreso no puede detener al Espíritu.
Los tribunales no pueden detener al Espíritu.
Facebook no puede detener al Espíritu.
Google no puede detener al Espíritu.
TikTok no puede detener al Espíritu.
Nadie puede cancelar, desenchufar, desplantar o
    desfinanciar al Espíritu Santo.

Este mismo Espíritu habita en ti, amigo mío. Tienes el mismo Espíritu que resucitó a Jesús de entre los muertos viviendo dentro de ti (ver Romanos 8:11). ¿Y sabes lo que esto significa? Si Jesús salió de la tumba, tú puedes salir de cualquier cosa.

Con ese Espíritu puedes salir de la adicción.
Con ese Espíritu puedes salir de la depresión.
Con ese Espíritu puedes salir de la ansiedad.
Con ese Espíritu puedes salir de la esclavitud.
Con ese Espíritu puedes salir de la vergüenza.
Con ese Espíritu puedes salir del pasado.

¡Es hora de abrir tus ojos al poder del Espíritu Santo en tu vida!

─────────── **ABRE TUS OJOS** ───────────

Aquí hay algunas preguntas para ayudarte a aplicar las verdades reveladoras de este capítulo y los motivadores impulsados por el Espíritu. Utiliza este tiempo de reflexión y oración como una oportunidad para presentarte ante Dios y recibir un nuevo aliento de la presencia del Espíritu Santo en tu vida. Recuerda que Él es tu Amigo y Defensor que está a tu lado en medio de lo que sea que estés enfrentando en este momento.

Así que saca unos momentos para calmar tu mente y aquietar tu corazón en oración antes de permitir que el Espíritu te guíe y te hable. Pídele que te revele cualquier área de tu vida que desagrade a Dios para que puedas confesarte y arrepentirte. Busca su sabiduría para aquellas preguntas y problemas sobre los que has estado reflexionando y preocupándote. Permite que su susurro hable en tu vida para que puedas sentir la presencia y el poder de Dios en cada momento de cada día.

1. ¿Cuándo has experimentado una temporada que parecía especialmente «turbia» que te mantenía sumido en la duda, el miedo y la incertidumbre? ¿Cómo te sacó Dios del fango?

2. ¿Cómo te has impedido recibir todo lo que Dios quiere darte al centrarte en los detalles terrenales en lugar del poder celestial? ¿Qué puedes hacer para permitirle a Él el acceso total a todas las áreas de tu vida?

3. ¿Cuándo has experimentado recientemente la inconfundible presencia y poder del Espíritu Santo? ¿Cómo está actuando actualmente en tu vida?

Querido Dios, te doy gracias y te alabo por el increíble don de tu Espíritu en mi vida. Estoy muy agradecido por la nueva vida que tengo en ti. Gracias por el consuelo, el consejo y el valor que me das cada día a través del Espíritu. Perdóname por las veces que dudo de ti o permito que las circunstancias y las emociones me cieguen a la presencia del Espíritu Santo. Sé que tu poder de resurrección está en mi vida haciéndome más que un conquistador para cada obstáculo, adversario y barrera que pueda encontrar. Permíteme confiar más en ti mientras continúo abriendo mis ojos para caminar por la vista espiritual y no por mis sentidos terrenales. En el nombre de Jesús, Amén.

Pasteles de barro

Abre tus ojos al diseño original de Dios

A través del poder de la resurrección de Jesús, Dios reactiva
su plan original para ti.
    Debes darle acceso a tu barro antes de que Él te conceda
acceso a tu destino.

T odo el barro no es igual.
    Su consistencia depende de la proporción entre la tie-
rra y el líquido, así como de otros factores ambientales,
especialmente la temperatura y la lluvia. La calidad y la cantidad de los ingredientes —especialmente el fósforo, el potasio y
el nitrógeno— también marcan una gran diferencia. No soy un
gran jardinero y nadie me confundirá con un agricultor. Nunca
he tenido el proverbial pulgar verde, pero sí tengo un ojo verde:
reconozco una planta sana y hermosa cuando la veo.
    Al crecer en Pensilvania, en Bethlehem, cerca de Lehigh Valley,
aprendí rápidamente a apreciar el legado agrícola de mi estado.

Como una de las trece colonias originales, este estado clave se hizo rápidamente conocido por su suelo rico y fértil, sus abundantes lluvias y su clima templado. Los colonos llamaban a Pensilvania «el paraíso de los agricultores» e incluso «el granero de Estados Unidos», y desde la década de 1720 hasta la de 1840, lideró las colonias y los nuevos estados en la producción de alimentos. El trigo, el lino, el algodón, las hortalizas y el ganado no solo abastecían a los habitantes locales, sino que daban lugar a un abundante suministro para las exportaciones a las Indias Occidentales y a Europa.[1]

Mis lecciones de historia del estado, por muy significativas que fueran durante mi infancia, no pueden compararse con la forma mucho más tangible en que aprendí a apreciar el legado agrícola de Pensilvania: sus deliciosos productos. De vez en cuando, sobre todo los sábados por la mañana en verano, nuestra familia iba a un mercado agrícola local. En algunas de esas ocasiones, condujimos unas diez millas hasta la cercana Easton para visitar el mercado al aire libre más antiguo de Estados Unidos.[2]

El Mercado agrícola Easton, fundado en 1752, ofrecía una gran variedad de frutas y verduras frescas cultivadas localmente. Algunos puestos ofrecían muestras, y nada supera el sabor de una fresa madura o un jugoso melocotón. También se podían encontrar quesos naturales, huevos frescos, carnes artesanales y productos de panadería. Dependiendo de la temporada, este histórico mercado se llenaba de brillantes girasoles, margaritas, hortensias y geranios.

Sin embargo, el final del verano y el principio del otoño eran mis momentos favoritos. Las crujientes manzanas recién recogidas desbordaban los canastos que competían por el espacio con docenas de enormes calabazas naranjas. Cuando crecí y empecé a reconocer la diferencia de sabor entre la fruta y la verdura comprada en la tienda y los productos del mercado agrícola, pregunté a mis padres a qué se debía esta diferencia. Y mi padre me dijo: «La diferencia está en la tierra».

La divinidad en el polvo

Ese pensamiento —de que la diferencia está en la tierra— me vino a la mente hace poco cuando reflexionaba sobre el milagro de Jesús al sanar al hombre ciego de nacimiento. Cristo eligió hacer barro de su saliva y tierra del suelo donde estaba. El pastel de barro que creó no se parecía a ningún otro. Ciertamente, para el ciego, el milagro del barro marcó la diferencia.

La máscara de barro colocada sobre sus ojos sin vista no solo contenía el ADN divino, sino también la tierra de su país. Jesús trajo su poder sobrenatural de sanación y utilizó lo que ya estaba allí para producir este desordenado milagro. «Luego escupió en el suelo, hizo lodo con la saliva y lo untó en los ojos del ciego» (Juan 9:6). Jesús infundió el suelo polvoriento de la tierra con el poder ilimitado del cielo.

Esta combinación única recuerda la forma en que Dios creó al hombre para empezar: «Luego el SEÑOR Dios formó al hombre del polvo de la tierra. Sopló aliento de vida en la nariz del hombre, y el hombre se convirtió en un ser viviente» (Génesis 2:7). En lugar de saliva, Dios insufló el aliento de vida en el hombre que formó del polvo de la tierra y que creó a su imagen y semejanza (ver Génesis 1:27). Al igual que hizo Jesús con el ciego, Dios Padre infundió vida en el polvo para crear algo nuevo.

El barro milagroso que hizo Jesús también simboliza quién era Él, tanto Dios como hombre, cuando vivía en este mundo.

La Biblia nos dice que el Hijo de Dios era plenamente humano y a la vez plenamente y perfectamente divino, lo que le permitió expiar nuestros pecados de una vez por todas, pagando la deuda que nosotros no podíamos pagar.

Por lo tanto, era necesario que en todo sentido él se hiciera semejante a nosotros, sus hermanos, para que fuera nuestro Sumo Sacerdote fiel y misericordioso, delante de Dios. Entonces podría ofrecer un sacrificio que quitaría los pecados del pueblo. Debido a que él mismo ha pasado por sufrimientos y pruebas, puede ayudarnos cuando pasamos por pruebas.

Hebreos 2:17-18

Al elegir añadir su saliva sobrenatural a la tierra polvorienta, Jesús ilustró cómo tiende un puente entre el cielo y la tierra, permitiéndonos a todos no solo ver espiritualmente, sino experimentar la relación con Dios nuestro Padre. Considera cómo el Evangelio de Juan describe la encarnación de Cristo. «Entonces la Palabra se hizo hombre y vino a vivir entre nosotros. Estaba lleno de amor inagotable y fidelidad. Y hemos visto su gloria, la gloria del único Hijo del Padre» (Juan 1:14).

Tenemos acceso a ese mismo poder de encarnación cuando invitamos al Espíritu Santo a habitar en nosotros. Sin embargo, a veces no cumplimos con la obediencia a los mandatos e instrucciones de Dios. Nuestra fe sigue siendo débil e inmadura y nuestro compromiso con Dios se queda a medias. No experimentamos el poder y la presencia de Dios totalmente desatados en nuestras vidas. No producimos frutos espirituales sanos que satisfagan nuestro verdadero potencial.

¿Por qué? Porque no proporcionamos un suelo fértil.

¿Cómo crece tu jardín?

Recuerda la vieja canción infantil que preguntaba: «¿Cómo crece tu jardín?».[3] Haríamos bien en hacernos esta misma pregunta. En un día cualquiera, ¿en qué confías para pasar el día? ¿Con qué frecuencia permites que el Espíritu de Dios te dé poder y te guíe? Aunque quieras confiar en Dios y caminar por fe cada día, muchas personas no lo experimentan porque no están creciendo y madurando en su fe.

Cuando aceptamos el don gratuito de la salvación a través de Jesucristo y damos la bienvenida a la morada de su Espíritu, experimentamos lo que Jesús describió como «nacer de nuevo» (Juan 3:3), porque así como nuestros cuerpos nacieron de la carne, «la vida espiritual nace del Espíritu Santo» (Juan 3:6). ¿Y qué significa esto exactamente? «Todo el que pertenece a Cristo se ha convertido en una persona nueva. La vida antigua ha pasado; ¡una nueva vida ha comenzado!» (2 Corintios 5:17). Esta nueva vida que tenemos viene de Cristo a través del poder de su Espíritu en nosotros. Jesús dijo a sus seguidores:

«Ciertamente, yo soy la vid; ustedes son las ramas. Los que permanecen en mí y yo en ellos producirán mucho fruto porque, separados de mí, no pueden hacer nada. El que no permanece en mí es desechado como rama inútil y se seca. Todas esas ramas se juntan en un montón para quemarlas en el fuego. Si ustedes permanecen en mí y mis palabras permanecen en ustedes, pueden pedir lo que quieran, ¡y les será concedido! Cuando producen mucho fruto, demuestran que son mis verdaderos discípulos. Eso le da mucha gloria a mi Padre».

Juan 15:5-8

En otras palabras, solo experimentamos un verdadero crecimiento espiritual permaneciendo en el poder de Cristo y obedeciendo sus mandatos.

¡CUANDO SUS PALABRAS ECHAN RAÍCES EN NUESTRO CORAZÓN, TENEMOS PLENO ACCESO AL ILIMITADO E INFINITO PODER DE DIOS TODOPODEROSO!

Observa que cuando vamos por nuestro propio camino y elegimos no permanecer en Cristo, entonces nos marchitamos y morimos. Sin embargo, cuando sus palabras se arraigan en nuestro corazón, tenemos pleno acceso al poder ilimitado e infinito de Dios Todopoderoso.

Lo que nos lleva de nuevo al tipo de tierra que proporcionamos. La forma en que cultivamos, fertilizamos, nutrimos, protegemos y hacemos crecer el poder de la Palabra viva en nosotros hace toda la diferencia. En una reveladora exploración de cómo vivimos en Él, Jesús contó una parábola que ilustra las diversas formas en que la gente tiende a responder a su presencia en sus vidas:

«¡Escuchen! Un agricultor salió a sembrar. A medida que esparcía la semilla por el campo, algunas cayeron sobre el camino y los pájaros vinieron y se las comieron. Otras cayeron en tierra poco profunda con roca debajo de ella. Las semillas germinaron con rapidez porque la tierra era poco profunda; pero pronto las plantas se marchitaron bajo el calor del sol y, como no tenían raíces profundas, murieron. Otras semillas cayeron entre espinos, los cuales crecieron y ahogaron los brotes, así que esos brotes no produjeron grano. Pero otras semillas cayeron en tierra fértil, y germinaron y crecieron, ¡y produjeron una cosecha que fue treinta, sesenta y hasta cien veces más numerosa de lo que se había sembrado!». Luego les dijo: «El que tenga oídos para oír, que escuche y entienda».

Marcos 4:3-9

En la cultura de aquella época, los ejemplos naturales y las ilustraciones agrícolas probablemente proporcionaban el acceso más amplio para el mayor número de personas. No era necesario ser agricultor para entender los elementos que Jesús utilizaba para transmitir su mensaje: vides y ramas, semillas y tierra, pájaros y espinas. Estos símbolos cotidianos eran frecuentes y abundantes e hicieron que las lecciones de la verdad espiritual fueran concretas y tangibles.

Sin embargo, fíjate en la conclusión de Cristo: si tienes oídos para oír, escucha. En otras palabras, Él no estaba hablando en código o en un estilo literario complicado. No estaba usando parábolas en su enseñanza para disfrazar u oscurecer la verdad. Lo que hacía era todo lo contrario. La ironía, sin embargo, es que a pesar de hacer esta lección más fácil de entender y aplicar al contar una parábola, algunas personas, incluyendo sus propios discípulos, todavía no lo entendieron.

El propósito de las parábolas

¿Alguna vez has escuchado a un orador o a un profesor enseñar pero no tenías ni idea de lo que estaban hablando? A veces hay una barrera lingüística, por lo que me gusta usar tanto el inglés como el español cuando predico. Si alguien no entiende mi mensaje en un idioma, confío en que el Espíritu les ayude a entenderlo en el otro.

Pero también hay ocasiones en las que el lenguaje es claro y las palabras son familiares, pero aun así no puedes unirlas de manera coherente. Te cuesta seguir el camino que el orador o el profesor quiere seguir. El vocabulario parece demasiado elevado o incluso pretencioso, la sintaxis demasiado compleja y larga. Los ejemplos y las ilustraciones pueden parecer irreproducibles, dependiendo del origen, la etnia y la cultura social de la persona. A veces, las ideas y los conceptos son demasiado abstractos e intelectuales de entender para la mayoría de los oyentes.

Al parecer, ninguno de estos problemas afectaba a los que escuchaban la parábola de Jesús aquel día, y sin embargo les costaba comprender plenamente lo que su Maestro quería transmitir.

Más tarde, cuando Jesús se quedó a solas con los doce discípulos y con las demás personas que se habían reunido, le preguntaron el significado de las parábolas. Él contestó: «A ustedes se les permite entender el secreto del reino de Dios; pero utilizo parábolas para hablarles a los de afuera, para que se cumplan las Escrituras:

"Cuando ellos vean lo que hago,
    no aprenderán nada.
Cuando oigan lo que digo,
    no entenderán.
De lo contrario, se volverían a mí
    y serían perdonados"».]

Marcos 4:10-12

Antes de que Jesús explicara el significado de la parábola del sembrador, abordó la cuestión más amplia de por qué utilizaba parábolas en primer lugar. Por un lado, como acabo de mencionar, hacían que los conceptos espirituales fueran más fáciles de entender al ilustrarlos con escenarios concretos que serían familiares para la mayoría de la gente. Pero, por otro lado, el uso de parábolas servía como una especie de filtro para la verdad de quién es Cristo y su mensaje de gracia.

Escuchar el mensaje de la parábola de Cristo requería algo más que una funcionalidad auditiva; requería un corazón tierno y abierto y un sincero deseo de comprender. Las personas que escuchaban oyeron sus palabras con sus oídos, pero escucharon y recibieron su mensaje con sus corazones. En otras palabras, tienes que estar al menos dispuesto a creer para que la Palabra eche raíces en tu interior.

Sin embargo, para «los de afuera», presumiblemente los líderes religiosos judíos y los fariseos, las parábolas no les hablaban porque sus corazones eran duros y encallecidos. Al parecer, la mayoría de ellos se sentían amenazados e intimidados por las afirmaciones de Cristo, y se negaban a reconocerlo como el Mesías largamente prometido. De hecho, querían atraparlo o engañarlo para que violara la ley, ya fuera la ley judía de Moisés o la ley del gobierno romano, o ambas. Esta es la táctica que les vimos emplear en el capítulo anterior cuando llevaron a la mujer que había sido sorprendida en adulterio ante Jesús.

No escuchaban con el corazón, solo con el oído.

Muestras de tierra

Para enfatizar su punto sobre el propósito de las parábolas, Jesús aludió a los versículos del profeta Isaías (ver 6:9-10), citando el mensaje que Dios le dio a Isaías para que lo transmitiera al pueblo rebelde de Israel en ese momento. Estos versículos se centran en la postura defensiva de los que no estaban dispuestos a buscar a Dios. Ven pero no perciben, oyen pero no entienden. Básicamente, Jesús compara a los que lo atacan y critican con el pueblo de Israel de corazón duro en generaciones pasadas. La implicación es que los de fuera que no entienden la parábola son rebeldes, orgullosos y están lejos de Dios. Sin embargo, para evitar cualquier malentendido, Jesús pasó a responder directamente a la pregunta de sus discípulos sobre el significado de la parábola:

Luego Jesús les dijo: «Si no pueden entender el significado de esta parábola, ¿cómo entenderán las demás parábolas? El agricultor siembra las semillas al llevar la palabra de Dios a otros. Las semillas que cayeron en el camino representan a los que oyen el mensaje, pero enseguida viene Satanás y lo quita. Las semillas sobre la tierra rocosa representan a los que oyen el mensaje y de inmediato lo reciben con alegría; pero como no tienen raíces profundas, no duran mucho. En cuanto tienen problemas o son perseguidos por creer la palabra de Dios, caen. Las semillas que cayeron entre los espinos representan a los que oyen la palabra de Dios, pero muy pronto el mensaje queda desplazado por las preocupaciones de esta vida, el atractivo de la riqueza y el deseo por otras cosas, así que no se produce ningún fruto. Y las semillas que cayeron en la buena tierra representan a los que oyen y aceptan la palabra de Dios, ¡y producen una cosecha treinta, sesenta y hasta cien veces más numerosa de lo que se había sembrado!».

Marcos 4:13-20

Me encanta el hecho de que Jesús se negara a dejar a sus seguidores con dudas sobre su mensaje con esta parábola. Como un profesor de literatura que explica una historia corta a estudiantes ansiosos, Cristo explica el significado de cada elemento de la historia. Los agricultores, los que hablan la verdad del Evangelio, siembran la Palabra, que como recordarán es otro nombre de Jesús (ver Juan 1:1-16), a los que los oyen predicar y enseñar. Que la Palabra eche raíces para que crezcan espiritualmente depende de la calidad de la tierra y de cómo responda cada persona a las condiciones adversas.

Algunas personas son como la tierra poco profunda en el camino; son robadas por el enemigo antes de que la semilla pueda echar raíces. Aparentemente, escuchan la Palabra pero no saben cómo cultivarla en medio de los asaltos del diablo. No tienen armadura espiritual ni conexión con el poder de Dios para ganar esas batallas.

Luego viene la tierra rocosa. Estas personas reciben la Palabra con alegría pero no permiten que se hunda en un nivel más profundo donde pueda echar raíces, aparentemente porque no tienen un nivel más profundo. Las pruebas, la adversidad y la persecución matan la semilla en ellos porque la Palabra no está arraigada lo suficientemente profundo. Tal vez no están dispuestos a confiar en Dios más allá de sus circunstancias.

El terreno espinoso resulta igual de peligroso. Estas personas escuchan la Palabra, pero luego el engaño, la preocupación y la codicia por las cosas del mundo ahogan la semilla y le impiden crecer. Tienen demasiadas demandas que consumen en su vida que no dejan espacio para que la Palabra crezca.

Finalmente, la buena tierra proporciona el ambiente fértil donde la Palabra puede echar raíces en la vida de los que la escuchan. Su semilla crece y produce una cosecha abundante. Aunque puede variar en cantidad, su tierra ha producido un fruto sano y abundante. Esta tierra ilustra lo que sucede cuando cultivamos y nutrimos la Palabra: producimos el fruto del Espíritu.

Entrega tu tierra

Entonces, ¿cómo cultivamos una buena tierra en nuestras vidas para que crezcamos en el Espíritu y produzcamos buenos frutos? Infundiendo nuestra tierra con lo divino. Así como Jesús escupió para hacer barro para el milagro del ciego, nosotros debemos vivir en la plenitud del Espíritu Santo y verter su poder en la tierra de nuestras vidas. Él tiene el poder de hacer milagros en el desorden de lo mundano. Pero debes darle a Dios acceso a tu suciedad antes de que Él te conceda acceso a tu destino. Lo digo en sentido literal y figurado. Cuando entregas tu vida a Cristo, permites que su Espíritu habite en tu corazón y plante la semilla de la verdad. La manera de mantener la tierra de tu corazón fértil es desbrozando todas las cosas mundanas que tratan de abarrotar tu vida.

Por lo tanto, deshaganse de toda mala conducta. Acaben con todo engaño, hipocresía, celos y toda clase de comentarios hirientes. Como bebés recién nacidos, deseen con ganas la leche espiritual pura para que crezcan a una experiencia plena de la salvación. Pidan a gritos ese alimento nutritivo ahora que han probado la bondad del Señor.

1 Pedro 2:1-3

DEBES DARLE A DIOS ACCESO A TU SUCIEDAD ANTES DE QUE ÉL TE CONCEDA ACCESO A TU DESTINO.

Casi todo lo que crece también necesita luz, incluyendo tu espíritu al caminar por fe en la luz de Dios. «Pues antes ustedes estaban llenos de oscuridad, pero ahora tienen la luz que proviene del Señor. Por lo tanto, ¡vivan como gente de luz!» (Efesios 5:8). Una vez que comienzas a crecer y madurar en tu fe, entonces comienzas a vislumbrar la nueva vida que Dios tiene para ti. Tu nueva vida en Cristo permite a Dios realizar todo lo que te ha creado para ser. Cuando vives sin el poder del Espíritu, te alejas del plan de Dios para tu vida. Cuando vives en el poder del Espíritu, experimentas lo mejor de Dios para tu vida.

En la Palabra de Dios, Él nos dice: «Te conocía aun antes de haberte formado en el vientre de tu madre; antes de que nacieras, te aparté» (Jeremías 1:5). Del mismo modo, vemos que el salmista reconoce que «Tú creaste las delicadas partes internas de mi cuerpo y me entretejiste en el vientre de mi madre» (Salmos 139:13). No importa lo que haya sucedido en tu vida, Dios puede usar esa tierra —incluso la tierra rocosa, espinosa y superficial de tu pasado— para hacerte crecer más allá de lo que puedas imaginar. «Pues yo sé los planes que tengo para ustedes —dice el SEÑOR—. Son planes para lo bueno y no para lo malo, para darles un futuro y una esperanza» (Jeremías 29:11).

No eres un accidente, amigo mío. Eres hijo o hija del Rey de reyes. Eres coheredero con Cristo. Naciste según el modelo del segundo Adán. ¿Y quién es el segundo Adán? Jesucristo, el único Hijo de Dios, que vino a la tierra y vivió como un hombre para perdonar tus pecados, lavarte y capacitarte para vivir la vida que Dios diseñó para ti. Pablo explica esta transformación de lo viejo a lo nuevo en su carta a los creyentes de Corinto:

> Las Escrituras nos dicen: «El primer hombre, Adán, se convirtió en un ser viviente», pero el último Adán —es decir, Cristo— es un Espíritu que da vida. Lo que primero viene es el cuerpo natural, y más tarde viene el cuerpo espiritual. Adán, el primer hombre, fue formado del polvo de la tierra, mientras que Cristo, el

segundo hombre, vino del cielo. Los que son terrenales son como el hombre terrenal, y los que son celestiales son como el hombre celestial. Al igual que ahora somos como el hombre terrenal, algún día seremos como el hombre celestial.

1 Corintios 15:45-49

Cuando entregas tu tierra al Espíritu de Dios, Dios te transforma en la semejanza de su perfecto y santo Hijo. Ahora mismo, no importa lo que estés enfrentando, Dios está yendo al principio. Dios está volviendo al diseño arquitectónico original de la humanidad para alinear el original con el *ahora*. Donde te encuentres en tu vida y en tu fe es donde Dios te encuentra: *¡ahora mismo, aquí mismo!* Porque Jesús vino a salvar, liberar, sanar y reactivar su plan original para ti.

Sí, Dios tiene un plan para ti.
Dios tiene un plan para tus hijos.
Dios tiene un plan para los hijos de tus hijos.
Dios tiene un plan para tu ahora y para tu próximo paso.
En el plan original de Dios tú no eres ciego.
En el plan original de Dios no eres un adicto.
En el plan original de Dios no eres un alcohólico.
En el plan original de Dios no estás roto.
En el plan original de Dios no estás lleno de ansiedad.
En el plan original de Dios no eres la cola.
En el plan original de Dios no estás maldito.
En el plan original de Dios no existe una iglesia negra, una
  iglesia blanca o de cualquier otro color. Solo existe el
  pueblo de Dios en la iglesia, el Cuerpo de Cristo.
En el plan original de Dios tú eres bendecido.
No estás donde estabas.

No eres como eras.

No eres lo que otros te hicieron.

No eres lo que te hiciste a ti mismo.

Eres quien Dios dice que eres.

Eres lo que Dios dice que eres.

¡Eres un vencedor!

Poder para vencer

Los seguidores de Cristo no tienen otra opción que vencer. Cuando al Espíritu Santo se le permite crecer en todas las áreas de tu vida, floreces y prosperas como nunca antes. Vences todo lo que te ha detenido. Vencer es derrotar, conquistar, triunfar y ganar. Puedes superar lo que otras personas te hicieron. Lo que otras personas han dicho de ti. Lo que has creído falsamente sobre ti. Lo que el mundo dice de ti. Lo que el mundo te hace. Jesús dijo: «Les he dicho todo lo anterior para que en mí tengan paz. Aquí en el mundo tendrán muchas pruebas y tristezas; pero anímense, porque yo he vencido al mundo» (Juan 16:33). Por el poder de Cristo en ti, no puedes evitar vencer todo lo que te impide ser todo lo que Dios te hizo ser. Eres más que un conquistador (ver Romanos 8:37); eres un *vencedor*.

El enemigo de tu alma, el diablo, quiere que estés de acuerdo ahora mismo sin dejar que esta verdad eche raíces en la tierra de tu alma. Quiere que estés de acuerdo en teoría pero no en la práctica. Quiere llenar el jardín de tu espíritu con tantas tentaciones, pruebas y tribulaciones que te alejes de cuidar el crecimiento del Espíritu de Dios en ti. Pero no debes permitírselo.

El enemigo no tiene autoridad sobre ti, por eso pasa su tiempo mintiéndote, engañándote y tentándote. Él no puede matar la semilla del Espíritu que crece dentro de ti. ¿Por qué? Porque Cristo derrotó el poder de la muerte a través del poder de la resurrección del Espíritu. El mismo Espíritu que mora en ti. Cuando el diablo trata de mentirte y acusarte y tentarte, cuando viene a robar tu alegría y robar tu paz, debes mantenerte firme en tu fe a través del poder del Espíritu. La Palabra de Dios deja muy claro que tienes todo lo que necesitas como vencedor para vencer a tu enemigo y prosperar en el Espíritu. La victoria de Cristo ha asegurado tu poder para vencer al acusador:

«Por fin han llegado la salvación y el poder, el reino de nuestro Dios, y la autoridad de su Cristo. Pues el acusador de nuestros hermanos —el que los acusa delante de nuestro Dios día y noche— ha sido lanzado a la tierra. Ellos lo han vencido por medio de la sangre del Cordero y por el testimonio que dieron. Y no amaron tanto la vida como para tenerle miedo a la muerte. Por lo tanto, ¡alégrense, oh cielos! ¡Y alégrense, ustedes, los que viven en los cielos! Pero el terror vendrá sobre la tierra y el mar, pues el diablo ha descendido a ustedes con gran furia, porque sabe que le queda poco tiempo».

Apocalipsis 12:10-12

El poder de Dios siempre ha permitido a su pueblo vencer. Lo vemos repetidamente a lo largo de la Biblia. Este libro no es un libro de personas perfectas. Este texto sagrado no es una categorización histórica de santos incorruptos, inmaculados o intachables. Sin duda, desde el Génesis hasta el Apocalipsis, este es un libro de vencedores.

Abraham superó las mentiras, incluidas las suyas propias.

José superó la fosa y la traición de sus hermanos.

Moisés superó su pasado, su temperamento y al Faraón.

Josué superó la desobediencia de sus tropas y su miedo a quedarse solo cuando murió su mentor.

Gedeón superó la era.

Sansón superó su orgullo, su falta de respeto por la unción y el engaño de Dalila.

David superó la lanza de Saulo, un oso, un león, un gigante y su propia infamia moral.

Ester superó a los que la odiaban.

Daniel venció a los leones.

Los niños hebreos superaron la prueba del horno.

Job superó la pérdida de todo.

Pedro superó la maldición de su bendición.

Pablo superó el naufragio y la serpiente.

Y Jesús, el Hijo de Dios, encarnado en la tierra para hacer por nosotros lo que no podíamos hacer por nosotros mismos, venció la oscuridad, la muerte y la derrota. ¡Jesús lo venció todo!

Así que ahora es el momento de añadir tu nombre a esta lista. Piensa por un momento en lo que crees que te frena en tu fe: tus errores del pasado, tus debilidades, tus heridas de otros, todo y cualquier cosa que creas que impide tu crecimiento espiritual y la obra del Espíritu de Dios en tu vida. No importa lo que creas que te retiene, estoy aquí para decirte la siguiente verdad innegable: Eres —en Cristo, por Cristo y para Cristo— un vencedor.

¡JESÚS LO VENCIÓ TODO!

Y para que quede claro, déjame decirte lo que no eres. No eres una víctima eterna. No eres el saco de boxeo del diablo. No estás maldito. No estás derrotado.

Todo el mundo ha superado algo. No estarías leyendo esto ahora mismo si no hubieras superado el dolor, la pena, la ira, el miedo, la depresión, la ansiedad o la duda. Puede que todavía se cuele de vez en cuando, como una mala hierba que intenta desplazar la flor de la fe en tu vida, pero los vencedores saben cómo deshacerse de la mala hierba.

Piensa por un momento en todas las cosas que has superado en tu vida, especialmente las que te parecieron insoportables, inimaginables o intolerables en su momento. Los abusos, el dolor, los traumas, la pobreza, la bancarrota, el divorcio y la vergüenza, todos parecían que iban a destruirte. Pero no lo hicieron. Perseveraste, confiaste y te sobrepusiste. ¿Qué has superado para estar donde estás ahora?

Superaste las fortalezas generacionales.
Superaste el fracaso.
Superaste la derrota.
Superaste el pecado.
Superaste la tentación.
Superaste la adicción.
Superaste la depresión.
Superaste la ansiedad.
Superaste la confusión.
Superaste la enfermedad.
Superaste la traición.
Superaste el quebrantamiento.
Superaste la incredulidad.
Superaste la falta de perdón.
Superaste la negatividad.
Superaste las relaciones tóxicas.
Venciste al diablo.

Venciste a los demás.

Y, sobre todo, ¡te superaste a ti mismo!

¿Pero *cómo*?

¿Cómo te superaste?

¿Cómo lo lograste?

¿Cómo saliste de esa temporada?

¿Cómo superaste los obstáculos?

¿Cómo superaste a los que te odiaban?

¿Cómo superaste todo lo que el infierno te envió?

No con tu personalidad, no con tus publicaciones en las redes sociales, no con tus tuits, no con tus selfis, no con tu afiliación política, no con tu biología y no con tu ideología. Venciste por la sangre del Cordero y la palabra de tu testimonio. Ya sea que hayas vencido hace treinta años o hace treinta días o hace treinta minutos, invocaste el nombre del Señor y experimentaste el poder de su Espíritu en ti. No permitas que nada ahogue tu crecimiento mientras maduras en tu fe. Dios ha insuflado nueva vida en ti a través del Espíritu. Jesús ha entrado en el lodo de tus errores y pasos en falso y te ha lavado en su sangre.

¡Abre tus ojos y ve la nueva vida dentro de ti!

——— ABRE TUS OJOS ———

Ya sabes cómo funciona esto. Utiliza las preguntas que aparecen a continuación para ayudarte a pensar en los poderosos puntos de este capítulo y cómo se aplican a tu vida. Permite que este tiempo de reflexión y oración sea una oportunidad para experimentar una mayor intimidad con Dios y confiar más en el poder del Espíritu Santo en tu vida. No olvides que, independientemente de lo que estés enfrentando, eres un vencedor.

Tranquiliza tu corazón ante Dios y permite que su Espíritu te consuele y hable en tu vida. Piensa en tu tasa de crecimiento espiritual y en qué maleza podría necesitar ser arrancada para que puedas centrarte más deliberadamente en la oración, el estudio de la Biblia y el servicio a los demás con los dones que Dios te ha dado. Pídele al Espíritu que te muestre las zonas rocosas de tu terreno espiritual que necesitan ser labradas para que puedas producir un mayor fruto. Disfruta de la luz de Cristo para que puedas prosperar.

1. ¿Cómo describirías tu tierra espiritual ahora mismo en tu actual temporada de vida? ¿En qué se basa esta descripción?

2. ¿Qué malas hierbas siguen brotando en tu vida para frustrar tu crecimiento y frenar tu progreso espiritual? ¿Qué puedes hacer para eliminar esas cosas que te distraen y desvían tu atención de Dios?

3. ¿Cuáles son algunos de los mayores obstáculos en tu vida que has superado gracias al poder de Dios? ¿Cómo

lo viste obrar en ti y a través de ti para empoderarte de manera que pudieras perseverar y superarlos?

Querido Señor, sé que hay áreas de mi vida que necesito entregarte. Perdóname por ceder a la tentación y por cualquier cosa que haya hecho para contrariar a tu Espíritu que habita en mí. Gracias por tu misericordia y tu amorosa bondad que me limpia y riega la tierra de mi espíritu. Muéstrame lo que debo quitar y lo que debo añadir en mi vida para que pueda ser todo lo que tú creaste para mí. Poda cualquier rama en mi vida que te desagrade y no dé fruto. Sé que seguirás alimentando mi fe para que pueda experimentar aún más de tu poder milagroso en el desorden polvoriento y sucio de este mundo. En el nombre de Jesús, Amén.

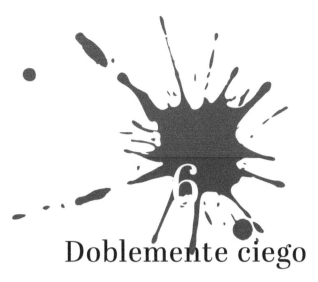

Doblemente ciego

Abre tus ojos a un desorden sagrado

Las circunstancias pueden cegarte, pero no tienes que permanecer en la oscuridad.

Si quieres ver con claridad, debes estar dispuesto a adorar mientras estás herido.

Me han dicho que a veces parezco más un maestro de escuela que un pastor de iglesia.

Nunca me ofende esto y, de hecho, lo considero un cumplido. La educación siempre ha sido una prioridad apasionante para mí. Cuando estaba en la universidad, consideré la posibilidad de ser profesor e incluso de fundar mi propia escuela concertada. Después de graduarme, di clases de gobierno, clases de civismo y algunos cursos de honor en el instituto de mi ciudad natal, Bethlehem, Pensilvania.

Aunque disfrutaba enseñando, esa vocación vertical pronto se vio superada por una vocación horizontal, ya que Dios me llevó a un ministerio más amplio para servir a todas las personas, no solo a los estudiantes. Pero mi pasión por la educación y su importancia vital para la juventud latina nunca ha disminuido. Cualquiera que me conozca también sabe que sigo siendo un poco el *nerd* de las matemáticas que era cuando crecía. Nunca he olvidado lo que aprendí durante los dos años que estudié ingeniería informática en Penn State antes de cambiar de escuela y de carrera.

Una de las razones por las que valoro tanto la educación es su aplicación para adquirir no solo conocimientos, sino también sabiduría. Muchos de los principios fundamentales que aprendí cuando era un joven estudiante también me han servido como lecciones de vida. El método científico, por ejemplo, es algo que la mayoría de nosotros aprendimos en la escuela primaria. Aunque pueda parecer obvio o incluso simplista para los ciudadanos del siglo XXI, el método científico básicamente estandarizó la forma en que realizamos la mayoría de los experimentos.

A dos grandes mentes históricas, Francis Bacon e Isaac Newton, se les suele atribuir la definición del método científico como la formulación de una *hipótesis*, la ejecución de un *experimento* que ponga a prueba esa hipótesis y el registro de los *resultados* que apoyen, refuten o revelen la necesidad de revisar la hipótesis. Suena a sentido común, pero hasta que Bacon y Newton encendieron la revolución científica en el siglo XVII, nadie había definido los puntos de inicio, medio y final de los descubrimientos nuevos y existentes.[1]

Antes de que digas: «Ahórrese la lección de historia, pastor Sam», permíteme señalar que el método científico sigue vivo en la actualidad en prácticamente todos los campos y disciplinas académicas. Fundamentalmente, sigue siendo la base para descubrir nuevos tratamientos médicos, vacunas y medicamentos.

Investigadores, ingenieros, médicos y programadores tecnológicos utilizan el método científico como estructura preliminar para el descubrimiento y el avance. Puedo aventurar con seguridad que tu vida se ha beneficiado de innumerables maneras porque el método científico fue empleado por inventores, innovadores y empresarios, además de los usuarios ya mencionados. ¿Por qué deberías preocuparte por el método científico? Porque es posible que lo estés aplicando involuntariamente en detrimento tuyo. La forma en que interpretas los sucesos de prueba y error de tu vida puede estar cegándote.

LA FORMA EN QUE INTERPRETAS LOS ACONTECIMIENTOS DE PRUEBA Y ERROR DE TU VIDA PUEDE ESTAR CEGÁNDOTE.

Sesgo subjetivo

La historia que te cuentas a ti mismo sobre tu identidad, tu propósito y tus relaciones —incluyendo cómo ves a Dios— se desarrolla en gran parte por cómo sacas conclusiones basadas en tus experiencias de vida. En pocas palabras, la mayoría de nosotros desarrollamos falsas creencias basadas en suposiciones inexactas, opiniones de otros, prejuicios subjetivos y experiencias traumáticas que distorsionan la verdad de lo que Dios dice que somos, cómo quiere que vivamos y el propósito para el que nos creó.

A veces vislumbramos la disonancia entre los mensajes que nos decimos a nosotros mismos y la evidencia objetiva por fuera de nosotros. Muchas personas, por ejemplo, a menudo se fijan en verse a sí mismas y en su imagen corporal basándose en las críticas negativas y la vergüenza de los demás. A una edad temprana les dijeron que estaban gordos o delgados, que eran poco atractivos o estúpidos, que no tenían talento o que no eran queridos. Los mensajes pueden o no haber sido directos y manifiestos. Las palabras, las actitudes y los acontecimientos —de los padres, los hermanos, los amigos, los compañeros y los medios de comunicación— se comunican ampliamente. Sin embargo, el impacto debilitante suele ser el mismo porque interiorizamos esos mensajes negativos en una hipótesis. Asumimos que debemos ser quienes y lo que otros dicen que somos, y entonces interpretamos nuestras percepciones de nosotros mismos, de los demás y de todo lo que nos rodea a través de estas falsas creencias. No vemos con claridad, sino que vemos a través de un conjunto de falsas creencias que se autorrefuerzan y a veces se autorrealizan.

Esos mensajes dolorosos y vergonzosos que cargamos envenenan nuestra perspectiva. Por ejemplo, a pesar de lo sana y físicamente en forma que pueda ser una persona adulta, puede seguir considerándose demasiado delgada o demasiado pesada en función de los mensajes que ha percibido de su familia, sus compañeros y su cultura. Cuando se ve a sí misma en una foto o en un espejo, la imagen que le devuelve refleja las emociones dolorosas de lo que otros le han dicho en lugar de la visión exacta de la realidad actual.

La imagen corporal no es la única área emocional y psicológica que se ve afectada por nuestras falsas creencias. Muchas personas suelen tener criterios muy críticos y perfeccionistas respecto a su aspecto, inteligencia, rendimiento laboral, logros, felicidad relacional, paternidad y capacidad económica, o cualquier aspecto que se haya destacado y valorado al definir su autoestima. La visión que tienen de sí mismas está viciada por las conclusiones que se han formado a partir de acontecimientos, conversaciones y relaciones pasadas.

En psicología, el *sesgo subjetivo* es el término utilizado para describir el modo en que los participantes en un estudio o experimento se comportan para satisfacer las expectativas de quienes realizan la investigación. Esencialmente, es una forma de conformarse y tratar de actuar bien y obtener validación dando a los responsables lo que uno cree que quieren.[2]

Esta misma tendencia opera en cierto nivel cuando filtras tu forma de ver con aquellos mensajes del pasado que has interiorizado en creencias. Sin embargo, en lugar de obtener la validación de los investigadores, validas las falsas creencias que te mantienen prisionero, por muy críticas, inexactas y poco saludables que sean. En pocas palabras, tu sesgo subjetivo te impide ver la verdad de la perspectiva de Dios.

¿Cómo has experimentado este tipo de sesgo autocrítico? ¿Qué falsas creencias te cuesta remover? ¿Qué suposiciones negativas y experiencias pasadas tienden a cegarte cuando tus circunstancias no resultan como esperabas?

Tal vez no hayas conseguido el ascenso que querías, así que te dices a ti mismo que no te sorprende porque sabes que no tienes el suficiente talento (o la suficiente inteligencia o lo que sea). Refuerzas esta falsa creencia, que probablemente hará más desafiante para ti arriesgarte a solicitar un ascenso en el futuro.

Este tipo de trampa de autosabotaje puede surgir en tus relaciones. Te encuentras atraído por el mismo tipo de persona que inevitablemente te engaña y te hace daño. Sin embargo, en lugar de darte cuenta del ciclo, te dices a ti mismo que no debes merecer una relación sana.

Este tipo de sabotaje puede aparecer en tus finanzas y en cómo manejas las deudas. Crees falsamente que nunca vas a tener suficiente dinero y que siempre vas a estar endeudado, así que no sigues un presupuesto ni controlas tus hábitos de gasto.

No importa cuál sea el asunto afectado, hasta que no enfrentes la verdad sobre tus falsas creencias, te estás cegando a lo que Dios quiere hacer en ti y a través de ti.

El juego de la culpa

El ciego que Jesús sanó probablemente albergaba algunas creencias falsas sobre sí mismo. Debido a que el lenguaje Braille aún no se había inventado, este hombre que había sido ciego de nacimiento no podía leer y seguía sin tener educación. Su incapacidad para leer y su falta de educación pueden haber llevado a la gente que lo rodeaba a suponer que no era inteligente. Como el ciego no podía trabajar en los oficios convencionales de la época, es posible que la gente supusiera que no tenía talento, que no estaba capacitado y que no podía formarse. Esta suposición probablemente contribuyó a que el ciego creyera que no tenía más remedio que mendigar para sobrevivir.

Basándome en cómo se comportó el hombre después de que Jesús le diera el don de la vista, sospecho que este hombre era en realidad bastante inteligente y aprendía rápidamente. De hecho, basándome en cómo se comportó al ser interrogado por los líderes religiosos judíos, creo que habría sido un excelente abogado. Terminó peleando verbalmente con ellos dos veces.

Recordarás que las personas que lo conocían como el mendigo ciego, identificadas como sus vecinos y conocidos, al principio dudaron de que fuera el mismo hombre (ver Juan 9:8-9). Cuando el hombre les aseguró que efectivamente era la persona que había sido ciega desde su nacimiento, siguieron inquiriendo. Algunos se mostraron escépticos. Querían saber cómo había recuperado la vista el hombre y, cuando se los dijo, querían saber dónde estaba Jesús.

Como el hombre no lo sabía, este grupo de inquisidores lo llevó ante los fariseos:

Entonces llevaron ante los fariseos al hombre que había sido ciego, porque era día de descanso cuando Jesús hizo el lodo y lo sanó. Los fariseos interrogaron al hombre sobre todo lo que había sucedido y les respondió: «Él puso el lodo sobre mis ojos y, cuando me lavé, ¡pude ver!». Algunos de los fariseos decían: «Ese tal Jesús no viene de Dios porque trabaja en el día de descanso». Otros decían: «¿Pero cómo puede un simple pecador hacer semejantes señales milagrosas?». Así que había una profunda diferencia de opiniones entre ellos. Luego los fariseos volvieron a interrogar al hombre que había sido ciego:

—¿Qué opinas del hombre que te sanó?

—Creo que debe de ser un profeta —contestó el hombre.

Juan 9:13-17

Observa que no es de extrañar que los fariseos no se centraron en el increíble milagro de que el ciego recibiera la vista, sino en el hecho de que Jesús lo había sanado un sábado, un día de descanso religioso con normas muy estrictas sobre lo que se podía y no se podía hacer según la Ley de Moisés. De hecho, este no fue el único caso en el que los líderes religiosos judíos condenaron a Jesús y a sus discípulos por hacer algo contrario a la ley en un sábado.

El Evangelio de Marcos cuenta que Jesús y sus discípulos iban caminando en un día de reposo cuando se pusieron a recoger granos para comer de los campos de al lado. Cuando los fariseos condenaron sus acciones como ilícitas, Jesús replicó señalando el ejemplo de David, que cuando tuvo hambre infringió la ley al comer pan consagrado de la casa de Dios que estaba reservado solo para los sacerdotes (ver Marcos 2:23-26). Jesús concluyó enfatizando: «El día de descanso se hizo para satisfacer las necesidades de la gente, y no para que la gente satisfaga los requisitos del día de descanso. Así que el Hijo del Hombre es Señor, ¡incluso del día de descanso!» (versículos 27-28).

Como los fariseos seguían sin saber qué hacer con la acción de Jesús de sanar al ciego un sábado, dudaron por completo del milagro y llamaron a los padres del hombre para poder interrogarlos (ver Juan 9:18-19). ¡Hablando de prejuicios subjetivos y razonamientos circulares! Los fariseos estaban tan empeñados en negar que Jesús fuera el Mesías que buscaron otras formas de desacreditar el turbio milagro en lugar de considerar la evidencia que tenían frente a ellos. Se negaron a ver al hombre vidente que estaba delante de ellos.

Tú puedes experimentar las mismas reacciones con ciertas personas en tu vida. Cuando el Señor produce un milagro a partir de tu desorden, estos individuos buscarán explicaciones, excusas y acusaciones, pero a menudo se negarán a reconocer el poder ilimitado del Espíritu de Dios que se desató en tu vida. Puede que se esfuercen por permanecer escépticos, inseguros e incrédulos a pesar de tu testimonio, de palabra y, de hecho, del poder milagroso de Jesús en tus puntos ciegos.

Los padres del hombre, sin embargo, se negaron a caer en el juego de la culpa de los líderes religiosos. Confirmaron lo que era cierto. Sí, era su hijo, y sí había nacido ciego. Pero no sabían quién lo había sanado ni cómo. Para dejar claro que sabían lo que tramaban los fariseos, los padres dijeron: «Pregúntenselo a él; ya tiene edad para hablar por sí mismo» (Juan 9:21). Así que los fariseos mandaron llamar al ciego para que testificara ante ellos una vez más.

Para la gloria de Dios

Aunque los padres del vidente milagroso esquivaron hábilmente la trampa de los fariseos, también pusieron a su hijo en la picota. Subrayaron que su hijo era un adulto, no un niño. No podían hablar por él aunque quisieran hacerlo. Los implacables y decididos líderes religiosos volvieron a traer al hombre para una segunda ronda de interrogatorios:

Por segunda vez llamaron al hombre que había sido ciego y le dijeron:

—Es Dios quien debería recibir la gloria por lo que ha pasado, porque sabemos que ese hombre, Jesús, es un pecador.

—Yo no sé si es un pecador —respondió el hombre—, pero lo que sé es que yo antes era ciego, ¡y ahora puedo ver!

—¿Pero qué fue lo que hizo? —le preguntaron—. ¿Cómo te sanó?

—¡Miren! —exclamó el hombre—. Ya les dije una vez. ¿Acaso no me escucharon? ¿Para qué quieren oírlo de nuevo? ¿Ustedes también quieren ser sus discípulos?

Entonces ellos lo insultaron y dijeron:

—Tú eres su discípulo, ¡pero nosotros somos discípulos de Moisés! Sabemos que Dios le habló a Moisés, pero no sabemos ni siquiera de dónde proviene este hombre.

Juan 9:24-29

De entrada, fíjate en la ironía con la que empiezan. «Dinos la verdad delante de Dios». La ironía surge aquí a dos niveles. Primero, el hombre ya les había dicho la verdad, pero no era la verdad lo que querían oír. Así que ahora añadieron algo de presión para glorificar a Dios diciéndoles su deseada falsa verdad.

En segundo lugar, recordarás que cuando Jesús y sus discípulos se encontraron por primera vez con el ciego, los discípulos querían saber si su ceguera era resultado de su pecado o del de sus padres. Jesús respondió: «No fue por sus pecados ni tampoco por los de sus padres —contestó Jesús—. Nació ciego para que todos vieran el poder de Dios en él» (Juan 9:3). Básicamente, este hombre que había sido ciego, pero que experimentó el barro y el milagro de las manos de Jesús, era ya un testimonio vivo de la gloria de Dios. ¿Y estás escuchando las implicaciones para ti y para mí de lo que dijo Jesús? Este hombre, ciego de nacimiento, no estaba siendo castigado por su pecado o el de sus padres. Su ceguera existía como una oportunidad para que el poder de Dios se manifestara. A menudo nos preguntamos si ciertos acontecimientos dolorosos y pérdidas traumáticas son culpa nuestra por las decisiones pecaminosas que hemos tomado. Aunque nuestras elecciones

> **¿ESTÁS ESCUCHANDO LAS IMPLICACIONES PARA TI Y PARA MÍ DE LO QUE DIJO JESÚS?**

pecaminosas tienen consecuencias que a menudo son dolorosas, presentan la misma oportunidad que la ceguera de este hombre: mostrar la gloria de Dios.

Los fariseos no querían enfrentarse a la gloria de Dios delante de ellos. Querían escuchar a este hombre repetir la falsedad que creían sobre el sanador. «Sabemos que este hombre es un pecador». Pero el hombre que los miraba se negó a ser manipulado. El receptor de la nueva vista no solo se negó, sino que se enfrentó a estos elitistas religiosos.

El testimonio de un experto

En esencia, el antiguo ciego les dijo a los fariseos: «Miren, ya se los dije y no me escucharon. ¿Por qué quieren oírlo otra vez?

¿Por qué están tan obsesionados con quién me ha sanado? ¿Quieren convertirse en sus seguidores?». Este hombre, claramente en una situación peligrosa con el establecimiento religioso de la época, vio su insistencia como lo que era. Ellos estaban decididos a encontrar una manera de desacreditar a Cristo mediante la amenaza y la intimidación. Así que cuando este hombre se enfrentó a ellos, naturalmente se dieron vuelta y comenzaron a lanzarle insultos.

Luego viene mi parte favorita de este intercambio, y la razón por la que creo que él habría sido un excelente abogado. El hombre recién sanado expuso los hechos de una manera lógica, razonable y concluyente:

—¡Qué cosa tan extraña! —respondió el hombre—. A mí me sanó los ojos, ¿y ustedes ni siquiera saben de dónde proviene? Sabemos que Dios no escucha a los pecadores pero está dispuesto a escuchar a los que lo adoran y hacen su voluntad. Desde el principio del mundo, nadie ha podido abrir los ojos de un ciego de nacimiento. Si este hombre no viniera de parte de Dios, no habría podido hacerlo.

—¡Tú naciste pecador hasta la médula! —le respondieron—. ¿Acaso tratas de enseñarnos a nosotros?

Y lo echaron de la sinagoga.

Juan 9:30-34

Fíjate en la secuencia progresiva. En primer lugar, el hombre señala el agujero en el ataque de ellos. Básicamente, es irrelevante la procedencia del sanador. Saber de dónde era Jesús —Nazaret, por supuesto— no habría explicado por qué o cómo pudo sanar a este hombre que había sido ciego de nacimiento.

Entonces el hombre explicó otra línea de razonamiento. «Bien, sabemos que Dios no escucha a los pecadores», dijo, encontrando un terreno en común con los fariseos. «Él escucha a la persona piadosa que hace su voluntad». En otras palabras, si Jesús era un pecador —supuestamente por violar la ley del sábado, como ellos afirmaban—, entonces, ¿por qué iba a obrar Dios a través de Él? El hombre hizo entonces la conclusión perfecta: «¿Quién ha oído hablar de alguien que haya dado la vista a un ciego de nacimiento? ¡Solo alguien de Dios podría hacerlo! Si no, no habría funcionado». Sin una refutación racional, los fariseos recurrieron una vez más a intentar desacreditar al hombre que tenían delante. «¡Cómo te atreves! Fuiste concebido en pecado; no tienes autoridad para sermonearnos a pesar de la clara razón que puedas tener».

A pesar de que este hombre había dado testimonio del milagro que él mismo había experimentado, a pesar del testimonio de los padres de este hombre, a pesar del segundo interrogatorio y de la brillante defensa de este hombre, los líderes religiosos cerraron aún más los ojos. En lugar de celebrar el milagro que tenían delante, en lugar de alabar y adorar a Dios, en lugar de intentar abrir sus mentes y sus corazones a la posibilidad de que Jesús fuera el Mesías largamente prometido, los fariseos eligieron la ceguera. No tuvieron más remedio que echar al hombre.

Porque en sus corazones el miedo a que él tuviera razón debió abrumarlos.

Sombra y claroscuros

Si la historia de este hombre, tal y como nos la cuentan, hubiera terminado cuando fue al estanque de Siloé y volvió a casa viendo, o incluso después de que sus vecinos y testigos lo interrogaran, entonces podríamos suponer que vivió más o menos feliz para siempre (ver Juan 9:7-12). Pero está claro que eso no fue lo que ocurrió. De repente, el desordenado milagro de este hombre se volvió aún más desordenado al darse cuenta de que estaba en el punto de mira de los enemigos de su sanador.

Exploraremos el resto de la historia de este hombre en los capítulos restantes, pero quiero detenerme aquí por un momento y permanecer en la tensión. A veces, incluso cuando obtienes tu milagro, lo que sigue se aleja radicalmente de tus expectativas. Supones que una vez que puedes ver claramente que todo debería ser maravillosamente vívido y colorido; sin embargo, luego abres los ojos a un mundo de sombras y de claroscuros.

Tal vez pensaste que después de tu milagrosa recuperación del cáncer no harías más que alegrarte, y entonces llegan las facturas médicas y los cobradores de deudas empiezan a llamar. Esperabas que una vez que tu matrimonio hubiera sido sanado por el poder del Espíritu de Dios, tu cónyuge te amaría exactamente tal como quieres ser amado, pero descubriste que los viejos hábitos aún perduran. Puede ser que finalmente te hayas librado de las deudas gracias a una inesperada ganancia del cielo, solo para ser castigado por el gasto de reemplazar el techo de tu casa.

Al igual que los fariseos no soportaban dar crédito a Jesús por el milagro de la vista del ciego, el enemigo buscará oportunidades para arrastrar tu milagro al barro. El diablo intentará desencadenar viejos guiones y viejas respuestas que te hagan dudar de tu milagro y cuestionar el alcance del poder de Dios. Las etiquetas dolorosas y las críticas punzantes de los odiadores del pasado resurgirán mientras el enemigo emplea todos los métodos a su disposición para nublar tu visión espiritual.

Cuando esto ocurra, debes mantener los ojos abiertos al santo desorden que tienes ante ti. Incluso si no es lo que esperabas

—*especialmente* cuando no es lo que esperabas— debes confiar en que Dios saldrá a tu encuentro cuando todavía estés dolido después del milagro. Es entonces cuando abrazas la tensión de adorar mientras estás herido.

Adorar mientras estás herido

Cuando pienso en los milagros desordenados, me viene a la mente otro milagro, tal vez aún más dramático. Este parece mucho más personal para Cristo porque no involucró a una sola persona que le importaba, sino a una familia de tres hermanos. «Jesús amaba a Marta, a María y a Lázaro» (Juan 11:5). Cuando su hermano enfermó gravemente, las hermanas avisaron a Jesús, presumiblemente con la esperanza de que viniera de inmediato a sanar a Lázaro (ver Juan 11:3). Sin embargo, a pesar de su gran amor por estos amigos, Jesús permaneció alejado durante al menos dos días más antes de aventurarse finalmente a Betania, donde vivían.

Cuando llegó allí, parecía ser demasiado tarde. «Lázaro ya llevaba cuatro días en la tumba» (Juan 11:17). Es comprensible que las dos hermanas estuvieran un poco confusas sobre por qué su amigo, al que habían mandado avisar días antes, no había llegado a tiempo para salvar a su hermano. Sin embargo, en medio de su devastador desorden, Jesús realizó un milagro que ellas no habían previsto:

Cuando Marta se enteró de que Jesús estaba por llegar, salió a su encuentro, pero María se quedó en la casa. [...] Jesús le dijo:
—Yo soy la resurrección y la vida. El que cree en mí vivirá aun después de haber muerto. Todo el que vive en mí y cree en mí jamás morirá. ¿Lo crees, Marta?

—Sí, Señor —le dijo ella—. Siempre he creído que tú eres el Mesías, el Hijo de Dios, el que ha venido de Dios al mundo. Luego Marta regresó adonde estaba María y los que se lamentaban. La llamó aparte y le dijo: «El Maestro está aquí y quiere verte». Entonces María salió enseguida a su encuentro. [...] Jesús respondió:

—¿No te dije que si crees, verás la gloria de Dios?

Juan 11:20, 25-29, 40

Marta tenía que estar emocionalmente herida, envuelta en su propia mortaja de dolor y, muy probablemente, de profunda decepción. Seguramente, Marta llevaba consigo el dolor de la pena, del sufrimiento, del quebranto. Sin embargo, en el momento en que se enteró de que Jesús estaba cerca, dejó a los otros dolientes y corrió a su encuentro. No sé tú, pero si yo estuviera en el lugar de Marta, no estoy cien por ciento seguro de que correría a verlo después de que mi querido familiar acabara de morir. Me gustaría creer que mi fe es así de fuerte, pero en los momentos más desordenados de la vida, es difícil esperar lo santo.

Sin embargo, Marta supo hacer algo que todos nosotros debemos aprender a hacer para abrir los ojos y crecer en nuestra fe. Se adentró con valentía en la terrible tensión de reconocer el poder y la bondad de Dios en medio de su propio dolor y de su pena. Marta sabía que la presencia de Jesús lo cambia todo.

Tenía preguntas difíciles que solo Jesús podía responder. Su querido hermano, y amado amigo de Jesús, había muerto. El único que podría haber sanado a Lázaro no se presentó a tiempo. Ahora era demasiado tarde.

Entonces, ¿qué hizo Marta? En lugar de enfurecerse por la angustia, en lugar de denunciar su fe y alejarse de quien la había decepcionado, en lugar de entrar en las redes sociales o enviar mensajes de texto con su decepción, Marta corrió hacia la presencia de Jesús.

Estaba herida, pero corrió. Tenía dolor, pero corrió. Y cuando se encontró con Jesús, no solo compartió su dolor, sino que lo alabó. No solo se desahogó, sino que lo adoró.

Marta gritó: «Si hubieras estado allí... porque sé quién eres. Tú eres el Mesías. Tú eres el Hijo de Dios». En otras palabras, aunque esté destrozada y herida, sé quién eres tú. Aunque estoy destrozada, sé quién eres tú. Aunque estoy devastada, todavía sé quién eres tú. Aunque nunca he estado más decepcionada, todavía sé quién eres tú. *Y quién eres tú es alguien digno de toda mi alabanza.*

ELLA NO SOLO COMPARTIÓ SU DOLOR, SINO QUE LO ALABÓ.

Observa lo que Marta no dijo. Ella no dijo: «Pensé que eras el Mesías». No dijo: «Yo creía que Tú eras el Hijo de Dios hasta que dejaste morir a mi hermano». Ella no habló en tiempo pasado. Habló en presente.

«¡Sé quién eres! ¡Tú eres el Mesías! Tú eres el Hijo de Dios». Marta se atrevió a adorar en medio de su herida.

Alabanza en el dolor

Abrir los ojos a un desorden sagrado requiere que adores lo sagrado mientras padeces el desorden. Esa es la esencia de la fe, amigo mío. Las personas que cambiarán el mundo son creyentes nacidos de nuevo que siguen a Jesucristo. Son discípulos de Cristo resucitado que saben quién es Él incluso en medio de su dolor. Son aquellos que están seguros de su identidad incluso en medio de su sufrimiento.

Este mundo será cambiado por los hijos e hijas manifiestos de Dios. No será cambiado por aquellos que piensan, esperan, aspiran o desean, sino por aquellos que *saben* que Jesús es el Mesías, el Hijo del Dios vivo. No importa por lo que estés pasando o lo embarrado que estés, te reto a que abras la boca y grites: «¡Jesús, sé quién eres!».

Tú eres mi Salvador.
Tú eres mi Libertador.
Tú eres mi Sanador.
Tú eres mi Roca.
Tú eres mi Redentor.
Tú eres mi entrada, y tú eres mi salida.
Tú eres mi propósito.
Tú eres mi pasión, y tú eres mi promesa.

Como Marta, puedes adorar en medio de tus heridas. Ella fue a desahogarse y terminó adorando. Fue a hablar de su problema, pero terminó alabándolo a Él. Es fácil adorar cuando todo está bien. Es fácil alabar cuando todo es maravilloso.

Sin embargo, existe un remanente especial como Marta que sabe que Dios es digno de adoración incluso cuando estamos heridos, que Dios es digno de alabanza incluso en nuestro dolor. Job, otro famoso por buscar a Dios en su sufrimiento, lo dijo de esta manera: «Desnudo salí del vientre de mi madre, y desnudo estaré cuando me vaya. El SEÑOR me dio lo que tenía, y el SEÑOR me lo ha quitado. ¡Alabado sea el nombre del SEÑOR!» (Job 1:21).

No importa lo que hayas perdido o a quién hayas perdido, no importa lo intenso que sea tu dolor, no importa lo frustrado y agotado que puedas estar, todavía puedes elegir adorar y alabar a Dios. Habacuc dijo:

Aunque las higueras no florezcan y no haya uvas en las vides, aunque se pierda la cosecha de oliva y los campos queden vacíos y no den fruto, aunque los rebaños mueran en los campos y los establos estén vacíos, ¡aun así me alegraré en el SEÑOR! ¡Me gozaré en el Dios de mi salvación!

Habacuc 3:17-18

¿Estás dispuesto a adorar y dar gloria a Dios con lágrimas rodando por tus mejillas? ¿Adorarás a Dios en el valle y en la cima de la montaña? ¿Puedes alabar a Jesús en el desierto y en la Tierra Prometida? ¿Podrás regocijarte en las promesas de Dios durante el proceso y en el resultado?

Marta no se quedó en su casa. Marta no se quedó en el ambiente de luto. Salió de su entorno. Hay personas como Marta que pasan por el quebrantamiento pero no se quedan en el quebrantamiento. Ellas pasan por el infierno, pero el infierno no pasa por ellas. Las personas con la fe de Marta declaran: «Mis heridas nunca detendrán mi adoración. Mis heridas son temporales, pero mi adoración es permanente. Mi dolor es por una temporada, pero mi alabanza es para siempre».

La tensión reside en el dilema divino de si le adorarás o no con tus heridas y le alabarás incluso en medio de tu dolor. Este milagro no se refiere solo a la resurrección de Lázaro. Se trata de adoradores heridos que se niegan a dejar que su dolor mate su fe.

Y esto es lo que Jesús dijo sobre sus adoradores: «Dios es Espíritu, por eso todos los que lo adoran deben hacerlo en espíritu y en verdad» (Juan 4:24).

Cuando adoras en espíritu y en verdad, adoras incluso cuando estás herido.

Cuando adoras en espíritu y en verdad, adoras incluso
cuando estás sufriendo.

Cuando adoras en espíritu y verdad, adoras incluso cuando
los muros de Jericó se interponen en tu camino.

Cuando adoras en espíritu y verdad, adoras incluso cuando
estás rodeado de todos los enemigos de tu propósito.

Cuando adoras en espíritu y en verdad, adoras frente al
gigante que se burla de ti.

Cuando adoras en espíritu y en verdad, adoras en medio de
un horno de fuego.

Cuando adoras en espíritu y en verdad, adoras dentro de la
cárcel justo después de haber sido golpeado.

Cuando adoras en espíritu y en verdad, adoras después de
haber perdido a la persona que amas.

Porque Dios es más grande que cualquier cosa por la que estés
pasando. Dios es más grande que tu dolor. Dios es más grande
que tu adoración.

Doblemente ciego

Estoy convencido de que Dios a veces nos tapa los ojos ahora
para que los abramos después para lo que viene. Cuando Jesús
sanó al hombre ciego de nacimiento, escupió en el suelo e hizo
barro, que luego extendió sobre los ojos del ciego (ver Juan 9:6).
En esencia, Jesús lo cegó a su propia ceguera. Colocó la máscara sucia de lo milagroso sobre los ojos de este hombre para
ayudarle a ver la gloria de Dios que le esperaba. Para experimentar la tensión de tu santo desorden, debes ajustar tu visión.
Aparta tus ojos de los problemas de hoy y ábrelos a las promesas del mañana.

Este ciego se sometió a un estudio de doble ciego y caminó sin vacilar con su desorden en marcha. En un estudio científico de doble ciego, ni los participantes ni los investigadores saben qué sujetos están en los grupos de prueba y cuáles en los de control. Cuando experimentas una pérdida, una lesión, una traición o una enfermedad, te sientes impotente e inseguro de cómo seguir adelante. Te preguntas si Dios sabe lo que está haciendo, si comprende la profundidad de tu dolor. Y si es así, ¿por qué ha permitido que esto ocurra? Te sientes como si estuvieras atrapado en un doble ciego, incapaz de ver tu presente e incapaz de ver tu futuro.

PARA EXPERIMENTAR LA TENSIÓN DE TU SANTO DESORDEN, DEBES AJUSTAR TU VISIÓN.

Pero a veces hay que *atravesar* para *llegar*. A veces tienes que caminar con tu desorden para llegar a tu milagro.

A veces tienes que experimentar lo que se siente como la muerte antes de resucitar como lo hizo Lázaro, aunque salgas de tu tumba y te quites la ropa de la tumba.

Se siente desordenado y torpe e incómodo cuando estás volviendo a la vida caminando en el desorden para llegar a tu milagro. Sin embargo, hay una fecha de caducidad en lo que estás pasando. «Pues nuestras dificultades actuales son pequeñas y no durarán mucho tiempo. Sin embargo, ¡nos producen una gloria que durará para siempre y que es de mucho más peso que las dificultades!» (2 Corintios 4:17).

Cuando tu alabanza habla más fuerte que tu dolor, nada puede detenerte.
Cuando tu integridad es más importante que tu influencia, nada puede detenerte.

Cuando tu unción te impulsa más que tu ambición, nada puede detenerte.

Cuando tu hambre de justicia es mayor que tu miedo a la crítica, nada puede detenerte.

Cuando lo que está detrás de ti está bajo la sangre de Jesús, lo que está frente a ti no puede ser detenido.

A veces se complica justo antes de tu milagro. Cuando abres los ojos, puede que momentáneamente se te llenen de barro. Entonces, ¡es el momento de limpiarlos!

ABRE TUS OJOS

Como ya te has acostumbrado, utiliza las preguntas que aparecen a continuación para ayudarte a procesar y aplicar los poderosos principios de este capítulo. Luego, pasa un tiempo abriendo tu corazón ante Dios y eligiendo alabarlo en medio de cualquier dolor que puedas estar cargando. No te contengas en lo que sientes, aunque elijas, como hizo el ciego o Marta, adorar en medio de tu herida.

1. ¿Cuáles son algunas de las falsas creencias y suposiciones inexactas que te hacen luchar en la ceguera? ¿Cómo ha iluminado la verdad de Dios el sesgo subjetivo de estas falsas creencias?

2. ¿Cuándo has experimentado el poder milagroso del Espíritu de Dios solo para encontrarte con una situación aún más complicada que antes? ¿Cómo sueles responder cuando la vida se complica?

3. ¿Te atreverás a adorar a Dios incluso cuando estés herido? ¿Persistirás en alabarle incluso cuando tu dolor sea insoportable?

Querido Dios, mi corazón se siente tan pesado a veces. Quiero confiar en ti y caminar por la fe, pero entonces mis emociones me abruman y nublan mi visión. Abre mis ojos, Señor, para que pueda ver el santo desorden de cómo estás trabajando en mi vida. Sé que soy una obra en progreso, y te alabo por amarme en medio de mis líos. Estoy listo para que tú limpies el lodo para que pueda ser limpiado y ver con más claridad que nunca. Gracias por la forma en que rediriges mi mirada de los problemas presentes a las promesas del mañana. En el nombre de Jesús, Amén.

Lávate

Abre tus ojos a la obediencia limpia

Dios busca personas que confíen en Él más de lo que busca a los que le entienden.

La fe es confiar en Dios lo suficiente como para obedecerle ahora y prepararse para el próximo.

C uando se trata de la limpieza, el agua es esencial. El agua nos permite lavar nuestro cuerpo, lo que nos proporciona una multitud de beneficios. Existe el beneficio higiénico y médico de eliminar la suciedad, la mugre, los gérmenes y las bacterias de nuestra piel, cabello y uñas. Muchas personas aprecian los efectos que el agua, ya sea caliente o fría, tiene sobre su circulación y su salud en general. A otros les gusta el modo en que el agua puede estimular y despertar sus sentidos, mientras que otros disfrutan del modo en que el agua puede relajarlos.

También existe el beneficio social y relacional de tener un aspecto limpio y agradable y, tal vez más importante, de olerlo.

Por lo general, a partir de la pubertad, la mayoría de las personas aprenden que ducharse y bañarse con frecuencia les hace más atractivos y socialmente aceptables para sus compañeros. Aunque hay otros factores culturales que influyen en los hábitos de baño, el deseo de encajar y ser visto de forma positiva contribuye a nuestro aseo e higiene personal.

Los beneficios psicológicos del baño están probablemente relacionados con la conciencia de las ventajas sanitarias y sociales. Cuando se acampa o se viaja a zonas remotas del mundo, ducharse, y mucho menos con agua caliente, suele ser un lujo. Después de un intenso entrenamiento o de un día de jardinería, la sensación de agua cayendo en cascada sobre nuestro cuerpo proporciona un placer tanto físico como emocional. Sencillamente, a la mayoría de las personas les gusta sentirse limpias, aunque varíe la forma o la frecuencia con la que consiguen la limpieza.

Reconozco que nunca he sido un tipo de baños. Aunque aprecio la idea conceptual de una gran bañera de agua caliente con velas encendidas y jabón de sándalo perfumando el aire, nunca he sido lo bastante paciente como para entregarme a una experiencia tan indulgente. Tal vez sea mi mente de ingeniero, pero las duchas parecen mucho más eficientes para el tiempo invertido. Y después de una larga carrera, nada es mejor que una ducha caliente.

Limpiar nuestro cuerpo no es el único beneficio de bañarse con agua. Según la Biblia, el poder limpiador del agua es también espiritual.

Aprende a discernir

A lo largo de las páginas de las Escrituras, el agua se utiliza para lavar, restaurar, hidratar, crecer y transformar. En el Antiguo Testamento vemos a Noé obedecer a Dios y sobrevivir al diluvio, mientras que Elías soportó una sequía gracias a la provisión de Dios. En el Nuevo Testamento vemos a Jesús (y a Pedro, brevemente) caminar sobre el agua, así como a Pablo naufragar y acabar en la isla de Malta.

También encontramos el agua utilizada para lavar el barro milagroso de los ojos del hombre ciego de nacimiento. Después de escupir en el suelo, hacer lodo y aplicar una máscara de este sobre los ojos del hombre, Jesús le dijo: «Ve a lavarte en el estanque de Siloé» (Juan 9:7). El relato de Juan sobre este desordenado milagro también nos informa de que Siloé significa *enviado*, como el agua enviada a este estanque. Pero el nombre del estanque no es una coincidencia porque Jesús envió a este hombre a completar su milagro, y el hombre obedeció y volvió a casa viendo. En lugar de existir como si su vida estuviera acabada, este hombre se lavó y vio la nueva vida ante él.

¿Cuál es la diferencia entre estar acabado y lavarse? ¡La obediencia!

Ten en cuenta que este hombre no solo estaba ciego, sino doblemente ciego con barro cubriendo sus ojos. No podía ver a Jesús, pero podía oír su voz. En ese momento el ciego se dio cuenta de que quien le da vida a través de sus palabras es

¿CUÁL ES LA DIFERENCIA ENTRE ESTAR ACABADO Y LAVARSE? ¡LA OBEDIENCIA!

mucho más importante que quien habla de ti. Lo más probable es que se hablara de este hombre desde que nació. Probablemente la gente se compadecía de él, lo intimidaba, lo rehuía y lo ignoraba.

Y ahora este notable desconocido había hecho la cosa más peculiar. Escupió para crear barro y luego se lo puso sobre los ojos. Por si este comportamiento no fuera suficiente, el desconocido le indicó que fuera al cercano estanque de Siloé, un lugar de interés local que le era familiar, y se lavara. Los descubrimientos arqueológicos de las últimas décadas indican que el estanque de Siloé probablemente se alimentaba de aguas de manantial y se utilizaba para baños rituales.[1] Así que la instrucción de Jesús de ir allí y lavarse probablemente le pareció lógica al ciego. Pero incluso si la orden de Jesús sorprendió o confundió al ciego, este no la cuestionó. Obedeció. Y quedó sanado. Conocer el sonido de la voz de nuestro Pastor es de vital importancia si queremos experimentar el cumplimiento de nuestros desordenados milagros en la vida. Jesús dijo: «Mis ovejas escuchan mi voz; yo las conozco, y ellas me siguen» (Juan 10:27). Nuestro Señor nos recordó que quien tiene tu oído tendrá inevitablemente tu corazón. Cuando somos jóvenes e inmaduros, solemos preocuparnos por quién habla de nosotros. Nos preocupa lo que piensan, lo que dicen y cómo influyen en los demás.

Sin embargo, a medida que maduramos y nos hacemos más sabios, aprendemos a no preocuparnos por lo que otros puedan decir de nosotros. Aprendemos a preocuparnos por quienes permitimos que hablen en nuestras vidas. Aprendemos a guardar nuestros corazones y nuestras mentes para llevar nuestros pensamientos cautivos a Cristo, de modo que podamos centrarnos en los asuntos del Espíritu. Nos damos cuenta de que no podemos conceder acceso al corazón a cualquiera. Aprendemos a discernir.

No des acceso a tus oraciones a todo el mundo. No concedas a todo el mundo acceso a tus sueños. No concedas a todo el mundo acceso a tus heridas. El acceso debe limitarse a personas íntegras que puedan manejar tanto lo bendito como lo roto. No des a todo el mundo tu oído.

Deja de escuchar las voces impías. Deja de escuchar las voces tóxicas. Deja de escuchar las voces chismosas. Deja de escuchar las voces llenas de drama. Deja de escuchar a las voces heridas. *Porque las voces heridas dicen cosas rotas.* No necesitas entender a Dios, y no necesitas darle sentido a Dios. Necesitas *confiar* en Dios. Necesitas *obedecer* a Dios. Dios busca personas que confíen en Él en lugar de aquellas que lo entienden. La fe es confiar en Dios cuando la vida no tiene sentido. Lo que escuchas en el Espíritu es más importante que lo que ves en la carne. Jesús le dijo al ciego: «¡Ve a lavarte!». De nuevo, sabemos que Cristo podría haber sanado a este hombre al instante, así que ¿por qué escupir, hacer barro,

LA FE ES CONFIAR EN DIOS CUANDO LA VIDA NO TIENE SENTIDO.

cubrir sus ojos y luego decirle que vaya a lavarse en el estanque de «Enviado»? Porque hay cosas que debes hacer por ti mismo, por ti misma. Sí, es bueno que alguien pueda ayudar, pero a veces en la vida hay que aprender a hacerlo:

Orar por ti mismo.
Alabar por ti mismo.
Imponer las manos por ti mismo.
Profetizarte a ti mismo.
Reprenderte a ti mismo.
Celebrarte a ti mismo.
Ungirte a ti mismo.

No puedes montarte en los faldones de otros para alabar al que te está sanando. No puedes subirte al carruaje del avance de otra persona. Hay decisiones que no puedes delegar. Hay acciones de las que no te puedes apropiar.

Lávate tú mismo. *Haz tu parte para completar el milagro que Dios está haciendo en tu vida.*

Lava tus pecados

Una de las maneras en que practicamos la obediencia limpia es a través del bautismo, usando el agua para mostrar a otros que hemos nacido de nuevo en Cristo a través del poder del Espíritu Santo. Una vez que has invitado a Jesús a tu vida y has dado la bienvenida a su Espíritu en tu corazón, el siguiente paso del bautismo demuestra tu compromiso con Dios. La Biblia nos dice: «Podemos estar seguros de que conocemos a Dios si obedecemos sus mandamientos» (1 Juan 2:3). Y Jesús instruyó a sus seguidores a bautizar a los nuevos creyentes cuando nos dio la Gran Comisión. «Por lo tanto, vayan y hagan discípulos de todas las naciones, bautizándolos en el nombre del Padre y del Hijo y del Espíritu Santo» (Mateo 28:19).

A lo largo de la Biblia, se menciona el bautismo (27 veces según mi cuenta) como un reflejo del conocimiento de Dios, y ocurre *después* de que inicias tu relación invitándole a entrar en todas las áreas de tu vida. «Los que creyeron lo que Pedro dijo fueron bautizados y sumados a la iglesia en ese mismo día, como tres mil en total» (Hechos 2:41).

El bautismo como un acto por sí mismo no asegura tu salvación: aceptar el don gratuito de la gracia de Dios a través de su Hijo, Jesús, asegura tu salvación y te permite conocer a Dios. La Biblia nos dice, sin embargo, que dejemos que otros sepan de nuestra relación con Cristo. Jesús dijo: «Todo aquel que me reconozca en público aquí en la tierra también lo reconoceré delante de mi Padre en el cielo; pero al que me niegue aquí en la tierra también yo lo negaré delante de mi Padre en el cielo» (Mateo 10:32-33).

El bautismo muestra a todos los que te rodean que perteneces a Dios y que te apasiona conocerlo, que sigues el ejemplo de Jesús y que te guía el Espíritu Santo.

El agua del diluvio simboliza el bautismo que ahora los salva a ustedes —no por quitarles la suciedad del cuerpo, sino porque responden a Dios con una conciencia limpia— y es eficaz por la resurrección de Jesucristo. Ahora Cristo ha ido al cielo. Él está sentado en el lugar de honor, al lado de Dios, y todos los ángeles, las autoridades y los poderes aceptan su autoridad.

1 Pedro 3:21-22

Jesús consideró el bautismo lo suficientemente importante como para pedirle a su primo Juan el Bautista que lo bautizara en el río Jordán antes de comenzar su ministerio público (ver Mateo 3:13-15). Su acción tuvo como resultado un derramamiento del Espíritu y la afirmación de su Padre: «Después del bautismo, mientras Jesús salía del agua, los cielos se abrieron y vio al Espíritu de Dios que descendía sobre él como una paloma. Y una voz dijo desde el cielo: "Este es mi Hijo muy amado, quien me da gran gozo"» (versículos 16-17).

Cuando el apóstol Pablo compartió su testimonio con los miembros de la Iglesia primitiva, recordó el encuentro con Cristo que le cambió la vida cuando era conocido como Saulo, un implacable perseguidor de cristianos. Saulo quedó ciego y ayunó durante tres días hasta que Dios ordenó a un creyente llamado Ananías que sanara a Saulo y le indicara los pasos a seguir: «El Dios de nuestros antepasados te ha escogido para que conozcas su voluntad y para que veas al Justo y lo oigas hablar. Pues tú serás su testigo; les contarás a todos lo que has visto y oído. ¿Qué esperas? Levántate y bautízate. Queda limpio de tus pecados al invocar el nombre del Señor» (Hechos 22:14-16).

El bautismo por agua sigue siendo una poderosa demostración de obediencia limpia.

Adivina quién vino a cenar

Pero el bautismo no es el único uso simbólico del agua. En dos sorprendentes casos descritos en las Escrituras, vemos cómo lavar los pies de otros con agua demuestra humildad, servicio y compasión. El primer ejemplo ocurrió cuando Jesús estaba cenando en casa de un fariseo. Al parecer, se corrió la voz rápidamente porque un visitante inesperado se coló en la fiesta.

> Cuando cierta mujer de mala vida que vivía en la ciudad se enteró de que Jesús estaba comiendo allí, llevó un hermoso frasco de alabastro lleno de un costoso perfume. Llorando, se arrodilló detrás de él a sus pies. Sus lágrimas cayeron sobre los pies de Jesús, y ella los secó con sus cabellos. No cesaba de besarle los pies y les ponía perfume.
>
> Lucas 7:37-38

Qué impresionante muestra de humildad, quebrantamiento y gratitud. Esta mujer, conocida por su reputación de pecadora, se atrevió a presentarse sin ser invitada en la casa de un devoto líder religioso judío. Su creencia de que Jesús era realmente el Mesías la obligó a realizar un acto íntimo de sumisión que normalmente se delega a los esclavos de la casa. Sin embargo, en lugar de agua de una palangana, esta mujer utilizó sus propias lágrimas para lavar los pies de Jesús. Para completar su sacrificio, secó los pies del Maestro con sus cabellos antes de suavizarlos y perfumarlos con un perfume muy caro.

Sin embargo, su audaz acto de servicio no fue apreciado por el anfitrión de la cena, que denunció a Jesús por asociación.

Cuando el fariseo que lo había invitado vio esto, dijo para sí: «Si este hombre fuera profeta, sabría qué tipo de mujer lo está tocando. ¡Es una pecadora!».

Entonces Jesús respondió a los pensamientos del fariseo:

—Simón —le dijo—, tengo algo que decirte.

—Adelante, Maestro —respondió Simón.

Entonces Jesús le contó la siguiente historia:

—Un hombre prestó dinero a dos personas, quinientas piezas de plata a una y cincuenta piezas a la otra. Sin embargo, ninguna de las dos pudo devolver el dinero, así que el hombre perdonó amablemente a ambas y les canceló la deuda. ¿Quién crees que lo amó más?

Simón contestó:

—Supongo que la persona a quien le perdonó la deuda más grande.

—Correcto —dijo Jesús.

Luego se volvió a la mujer y le dijo a Simón:

—Mira a esta mujer que está arrodillada aquí. Cuando entré en tu casa, no me ofreciste agua para lavarme el polvo de los pies, pero ella los lavó con sus lágrimas y los secó con sus cabellos. Tú no me saludaste con un beso, pero ella, desde el momento en que entré, no ha dejado de besarme los pies. Tú no tuviste la cortesía de ungir mi cabeza con aceite de oliva, pero ella ha ungido mis pies con un perfume exquisito.

»Te digo que sus pecados —que son muchos— han sido perdonados, por eso ella me demostró tanto amor; pero una persona a quien se le perdona poco demuestra poco amor.

Entonces Jesús le dijo a la mujer: «Tus pecados son perdonados».

Los hombres que estaban sentados a la mesa se decían entre sí: «¿Quién es este hombre que anda perdonando pecados?».

Y Jesús le dijo a la mujer: «Tu fe te ha salvado; ve en paz».

Lucas 7:39-50

El contraste entre la mujer de mala reputación y el fariseo, al que Jesús se dirige como Simón, no puede ser más agudo. Ella conoce el peso de su pecado y por eso siente una inmensa gratitud hacia quien puede perdonarla. Simón, que había invitado a Jesús a cenar pero no había mostrado verdadera hospitalidad, se vuelve sentencioso y santurrón. La mujer que lava los pies de Jesús con sus lágrimas nos muestra cómo limpiarnos en la obediencia: alabando y adorando a nuestro Dios.

Cuando nos damos cuenta de la deuda de gratitud que tenemos con Cristo, cuando experimentamos la gracia de Dios y el perdón de nuestros pecados, cuando reconocemos el poder del Espíritu Santo en nosotros, no tenemos más remedio que adorar.

La fe en la bendición

¿Notas alguna similitud entre este acontecimiento de la cena y la que encontró el ciego después de que Jesús lo sanara?

CUANDO NOS DAMOS CUENTA DE LA DEUDA DE GRATITUD QUE TENEMOS CON CRISTO, NO TENEMOS MÁS REMEDIO QUE ADORAR.

En ambos casos, los fariseos y la élite religiosa judía cuestionaron y criticaron a los participantes. Reprendieron al hombre que acababa de ver cuando les llamó la atención sobre su condena de Jesús como pecador. Y su opinión sobre esta mujer que lavaba los pies de Jesús parece ser igual de baja. En ambos casos, estos líderes religiosos llamaron a Jesús pecador por demostrar su poder como Hijo de Dios, cuando, ironía sobre ironía, Aquel que es impecable perdonó los pecados de otros. En ambas escenas, Jesús confirmó su identidad a los participantes al tiempo que dejaba clara la hipocresía de los fariseos. Recordarás que después de que el ciego fue sanado, los líderes religiosos judíos interrogaron a ese hombre dos veces e incluso llamaron a sus padres para que testificaran. Luego, cuando el hombre se enfrentó a ellos, lo insultaron y lo echaron. Pero su historia no terminó, porque fue entonces cuando se cerró el círculo:

Cuando Jesús supo lo que había pasado, encontró al hombre y le preguntó:

—¿Crees en el Hijo del Hombre?

—¿Quién es, señor? —contestó el hombre—. Quiero creer en él.

—Ya lo has visto —le dijo Jesús—, ¡y está hablando contigo!

—¡Sí, Señor, creo! —dijo el hombre. Y adoró a Jesús.

Entonces Jesús le dijo:

—Yo entré en este mundo para hacer juicio, para dar vista a los ciegos y para demostrarles a los que creen que ven, que, en realidad, son ciegos.

Algunos fariseos que estaban cerca lo oyeron y le preguntaron:

—¿Estás diciendo que nosotros somos ciegos?

—Si fueran ciegos, no serían culpables —contestó Jesús—, pero siguen siendo culpables porque afirman que pueden ver.

Juan 9:35-41

Al igual que la mujer que lavaba los pies de Jesús, el hombre que acababa de ver eligió creer y, en consecuencia, adorar. En su refutación al interrogatorio de los fariseos, el hombre ya había mostrado la única conclusión lógica que se podía sacar sobre el que lo había sanado. Solo a través del poder de Dios podría alguien realizar tal milagro. El consentimiento intelectual, sin embargo, no es lo mismo que la creencia transformada en fe. Observa que cuando Jesús escuchó que este hombre había sido expulsado por los fariseos, fue a buscarlo. El hombre había demostrado su obediencia al lavarse y completar el milagro que Jesús realizó. El hombre también había revelado su lealtad y valoración cognitiva de lo que le había sucedido cuando testificó ante los fariseos. Solo quedaba creer y adorar.

La fe en el quebrantamiento

Para el hombre que había nacido ciego, qué diferencia hizo un día y qué montaña rusa de emociones debió experimentar. Allí estaba, quizá mendigando a las puertas del templo, como cualquier otro día en su mundo de oscuridad. Entonces, de repente, un desconocido se detuvo para hacer un pastel de barro e infundirle el poder divino de la sanación. Obedeciendo la instrucción de ir a lavarse al estanque de Siloé, se mojó la cara una y otra vez en el agua fresca y clara. Cuando se secó, pudo hacer algo que nunca antes había hecho en su vida: ¡podía ver!

Ten en cuenta lo extraña que debió ser toda esta experiencia. Él no tenía ninguna razón lógica, basada en lo humano, para hacer lo que este hombre le dijo que hiciera. Después de haber crecido y haberse convertido en un adulto sin vista, ¿por qué se atrevería a creer que algo —o alguien— podría cambiar su situación?

No puedo evitar preguntarme si este hombre sembró las semillas de su creencia al elegir obedecer. Estaba dispuesto a recibir el milagro en el barro que se extendía literalmente ante sus ojos. Más tarde, después de pasar por el barro metafórico, o lo que podríamos llamar algo más descortés, este hombre expresó su fe cuando Jesús se reveló ante los ojos del hombre, que ahora funcionaban. Su creencia fue sembrada en el barro, pero floreció en el milagro. La fe en los lugares oscuros y rotos de nuestras vidas parece invitar al poder milagroso de Dios. Una vez más, me viene a la mente la sanación del cuerpo frío y sin vida de Lázaro en la tumba. Volviendo a esa escena cargada de emoción entre Jesús, que había dejado morir a su querido amigo, y Marta, la cariñosa hermana del difunto, vemos que la fe resalta la belleza del poder de la resurrección en acción:

SU FE FUE SEMBRADA EN EL BARRO, PERO FLORECIÓ EN EL MILAGRO.

Jesús le dijo:

—Yo soy la resurrección y la vida. El que cree en mí vivirá aun después de haber muerto. Todo el que vive en mí y cree en mí jamás morirá. ¿Lo crees, Marta?

—Sí, Señor —le dijo ella—. Siempre he creído que tú eres el Mesías, el Hijo de Dios, el que ha venido de Dios al mundo.

Juan 11:25-27

Marta estaba destrozada, pero siguió creyendo. Jesús destacó el poder de la fe, de creer en lo que parecía imposible, una y otra vez. El mensaje surgió en múltiples ocasiones: si crees, serás sanado. Si crees, serás perdonado. Si crees, serás bendecido. El mensaje resuena para ti hoy: *Eres lo que crees.*

Si quieres vivir tu propósito ordenado por Dios,
si quieres cumplir con tu tarea en este planeta,
si quieres vivir una vida abundante,
entonces debes creer.

No se trata de lo que sientes; sino de lo que crees.

No se trata de lo que esperas; sino de lo que crees.

No se trata de una teoría, sino de la fe.

No se trata de una hipótesis, sino de la fe.

No se trata de una suposición, sino de la fe.

No se trata de una teoría; sino de la fe.

Debemos creer incluso en medio del quebrantamiento. Debemos creer incluso ante un mundo roto. Las bombas caen sobre los niños, pero seguimos creyendo. Hay discordia y conflictos en Estados Unidos, pero seguimos creyendo. Las tasas de inflación aumentan mientras las finanzas disminuyen, pero seguimos creyendo. Más que nunca, debemos creer. ¿En qué creemos?

Creemos en Dios, el Padre todopoderoso, Creador del
cielo y de la tierra.

Creemos en Jesucristo, su único Hijo, nuestro Señor.

Creemos que Jesús es el único Camino, la
Verdad y la Vida.

Fue concebido por el poder del Espíritu Santo
y nació de la Virgen María.

Sufrió bajo Poncio Pilatos,
fue crucificado, murió y fue enterrado.

Descendió a la muerte.

Al tercer día resucitó.

Subió al cielo
y está sentado a la derecha del Padre.

Volverá para juzgar a los vivos y a los muertos.

Creemos en el Espíritu Santo,

En la santa Iglesia,

En la comunión de los santos,

En el perdón de los pecados,
En la resurrección del cuerpo,
y en la vida eterna. Amén.

Esta es la carta de derechos divinos de todo creyente. Sin embargo, a través del poder del Espíritu Santo en nuestras vidas, también hay una enmienda a lo que creemos. A través de las promesas de la Palabra de Dios y el poder de su Espíritu, creemos en una lista derivada, tangencial y detallada que no puede y no será negada.

Creemos que a través del Señor Jesucristo nuestros hogares serán salvados.
Creemos que nuestros hijos y los hijos de nuestros hijos caminarán sobre las ruinas de lo que derribamos en esta generación.
Creemos que todas las promesas de Dios son sí y amén.
Creemos que la última gloria será mayor que la primera.
Creemos que Jesús sigue salvando.
Creemos que Jesús sigue liberando.
Creemos que Jesús sigue sanando.
Y creemos que Jesús volverá otra vez.

Bendecido para ser una bendición

Cuando crees, tu obediencia te sigue sin duda. Cuando recibes las bendiciones de Dios, cuando experimentas un milagro desordenado a través del poder de su Espíritu, cuando abres los ojos y ves su bondad, la obediencia es sencilla. Sabes que Él te ama y que los planes que tiene para ti son buenos y están llenos de esperanza. Sabes que Él murió en la cruz por ti para que pudieras ser perdonado y disfrutar de la vida eterna con Él en el cielo. Cuando te quitas el barro de tu milagro, quieres que otros lo vean también.

Cuando obedeces a Dios dándole tu alabanza y adoración, quieres servirle mostrando a otros quién es Él y cuánto los ama también. Quieres cumplir con el propósito que Dios te ha dado y liderar con el ejemplo, incluso cuando sirves con humildad. Y eso es exactamente lo que vemos en el otro ejemplo del agua que se utilizó para lavar los pies de alguien. Solo que en este caso, los papeles se invirtieron porque Jesús fue el que hizo el lavado.

Después de haber pasado tres años juntos ejerciendo el ministerio público, enseñando, sanando y viajando juntos, a Jesús y a sus discípulos les quedaba muy poco tiempo para pasar juntos antes de su muerte. Aunque sabía que los vería después de su resurrección, Cristo quería que su última comida juntos fuera más que memorable. Quería demostrar el alcance de su humildad al servirles. Quería ser un ejemplo para ellos (y para nosotros).

Era justo antes de la fiesta de la Pascua. Jesús sabía que había llegado la hora de dejar este mundo e ir al Padre. Habiendo amado a los suyos que estaban en el mundo, los amó hasta el final.

Era la hora de cenar, y el diablo ya había incitado a Judas, hijo de Simón Iscariote, para que traicionara a Jesús. Jesús sabía que el Padre le había dado autoridad sobre todas las cosas y que había venido de Dios y regresaría a Dios. Así que se levantó de la mesa, se quitó el manto, se ató una toalla a la cintura y echó agua en un recipiente. Luego comenzó a lavarles los pies a los discípulos y a secárselos con la toalla que tenía en la cintura.

Cuando se acercó a Simón Pedro, este le dijo:

—Señor, ¿tú me vas a lavar los pies a mí?

Jesús contestó:

—Ahora no entiendes lo que hago, pero algún día lo entenderás.

—¡No! —protestó Pedro—. ¡Jamás me lavarás los pies!

—Si no te lavo —respondió Jesús—, no vas a pertenecerme.

—¡Entonces, lávame también las manos y la cabeza, Señor, no solo los pies! —exclamó Simón Pedro.

Jesús respondió:

—Una persona que se ha bañado bien no necesita lavarse más que los pies para estar completamente limpia. Y ustedes, discípulos, están limpios, aunque no todos.

Pues Jesús sabía quién lo iba a traicionar. A eso se refería cuando dijo: «No todos están limpios».

Después de lavarles los pies, se puso otra vez el manto, se sentó y preguntó:

—¿Entienden lo que acabo de hacer? Ustedes me llaman "Maestro" y "Señor" y tienen razón, porque es lo que soy. Y, dado que yo, su Señor y Maestro, les he lavado los pies, ustedes deben lavarse los pies unos a otros. Les di mi ejemplo para que lo sigan. Hagan lo mismo que yo he hecho con ustedes. Les digo la verdad, los esclavos no son superiores a su amo ni el mensajero es más importante que quien envía el mensaje. Ahora que saben estas cosas, Dios los bendecirá por hacerlas.

Juan 13:2-17

Sospecho que no tengo que describir lo desagradables que pueden ser doce pares de pies de hombres adultos. Y lo más probable es que fueran pies llenos de barro, suciedad, arena y polvo, por no mencionar el sudor y quién sabe qué cosas de los caminos de Jerusalén. Pero ese es el punto que Jesús quería hacer a sus seguidores, entonces y ahora: si seguimos su ejemplo, debemos estar dispuestos a hacer lo que hay que hacer. Les dijo que ningún siervo es más grande que su amo, ningún mensajero más grande que el emisor del mensaje.

A medida que experimentas el poder del Espíritu de Dios transformando tu desorden en su milagro, tienes aún más que compartir con los que te rodean. Eres bendecido para ser una bendición. Cuando te quitas el residuo fangoso de tu pasado, abres los ojos a tu nuevo futuro. Abres tus ojos con la habilidad de guiar a otros a la fuente de tu sanación.

Prepárate para ver

Cuando eres lavado en la sangre del Cordero, tus ojos se abren a lo que sigue. El lavado restaura tu visión para el futuro que Dios tiene para ti. Permanecer limpio y obediente ahora te prepara para tu milagro durante tu desorden. Job, otro creyente en medio de su quebranto y su bendición, declaró: «Hasta ahora solo había oído de ti, pero ahora te he visto con mis propios ojos» (Job 42:5).

Has escuchado la verdad del Evangelio, amigo mío. Ahora prepárate para ver cómo el poder del Espíritu transforma tu vida.

Prepárate para ver cómo Dios desintoxica tus relaciones, desinfecta tu entorno y vacuna tu futuro.

Prepárate para ver a tu nación abrazada por el Padre, redimida por el Hijo y llena del Espíritu Santo.

Prepárate para ver a un pueblo al borde del reavivamiento.

Prepárate para ver a una comunidad madura para las señales, los prodigios, las sanaciones y los milagros.

Prepárate para ver a hombres y mujeres jóvenes liderando un despertar en el que la rectitud y la justicia inunden todas las esferas de la sociedad.

Prepárate para ver a los hijos de Dios preparándose para la venida del Señor.

No ves el fracaso, ves la victoria.

No ves víctimas, ves conquistadores.

No ves Faraones, Goliats, Jezabeles y Herodes, ves Elías y Eliseos, Ruts y Déboras, Josués, Pedros y Pablos.

Ves profetas, evangelistas, pastores, maestros, exhortadores y hacedores de milagros.

Ves médicos, abogados, profesores, políticos, empresarios, artistas, creadores, innovadores, emprendedores, actores y animadores, cantantes y bailarines comprometidos con Cristo y llenos del Espíritu Santo.

Ves a niños que expulsan a los demonios.

Ves a hombres y mujeres jóvenes profetizando y sanando.

Ves a la generación emergente teniendo visiones.

Ves a la generación mayor teniendo sueños.

Ves el nombre de Jesús levantado en alto.

Así que abre tus ojos y mira a tu alrededor.

Prepárate para ver el amor de Dios, la verdad de Dios, la gracia de Dios, el poder de Dios y la gloria de Dios como nunca antes lo habías visto. Prepárate para ver el favor, el desborde y la abundancia de Dios como nunca antes lo habías visto.

Cuando Jesús es tu Señor,

cuando estás lleno de su Espíritu Santo,

cuando caminas en sus promesas,

cuando te adhieres a su Palabra,

comienzas a prepararte ahora para tu próximo.

Tu siguiente se trata de la revelación.

Tu ahora se trata de la siembra.

Tu siguiente se trata de la cosecha.

Tu ahora se trata de tu prueba.

Tu siguiente se trata de tu testimonio.

Tu ahora se trata de la batalla.

Tu siguiente se trata del avance.
Tu ahora se trata de la fe.
Tu siguiente se trata del favor.
Tu ahora se trata del orden.
Tu siguiente se trata del desbordamiento.
Tu ahora no es tu próximo, pero lo que hagas ahora determinará lo que veas después.
Lo que digas ahora,
lo que ores ahora,
lo que alabes ahora,
lo que ames ahora,
lo que perdones ahora,
lo que ates ahora,
lo que sueltes ahora,
lo que confieses ahora,
a lo que te aferres ahora,
lo que entregues ahora,
lo que declares ahora,
lo que leas ahora,
en lo que te concentres ahora determinará lo que verás después.
¡Lava tus ojos y ábrelos para ver el poder de Dios en acción!

ABRE TUS OJOS

Incluso cuando amas al Señor apasionada y fielmente, la obediencia puede ser un reto a veces. Aunque la elección de obedecer es a menudo sencilla, vivir la obediencia puede ser difícil. Pero esos momentos son oportunidades para fortalecer tu fe y experimentar más el poder de Dios en tu vida. Cuando te sientes débil, el poder del Espíritu Santo te sostiene y te capacita para hacer lo que no podrías hacer solo. No importa por lo que estés pasando, debes creer que Dios está trabajando para producir tu milagro en medio de lo que parece ser un desorden.

Limpia el barro y empápate del poder del Espíritu. Mientras lo haces, las preguntas que siguen pueden ayudarte a reorientar tu visión. Después de aquietar tu corazón ante el Señor, pasa unos minutos en oración pidiéndole que te encuentre justo donde estás. Así como Jesús buscó al hombre recién sanado que había sido ciego de nacimiento, Él se revela ante ti. Ya sea que te sientas quebrantado o bendecido, o probablemente una mezcla de ambos, simplemente cree y adora.

1. ¿Cuándo has luchado más recientemente por ser obediente a la Palabra de Dios y a la guía de su Espíritu? ¿Cómo manejaste tus dudas?

2. ¿Qué milagros has experimentado en tu vida que ayudan a sostener tu fe y a fortalecer tu confianza en Dios? ¿Cómo ha abierto el Señor tus ojos a su poder a través de estas experiencias?

3. ¿Qué te da fuerza para perseverar y vivir por fe cuando tus circunstancias parecen cerrarse en ti? ¿Qué está diciendo Dios en tu vida en este momento?

Querido Señor, te doy toda la alabanza, el honor y la gloria por los milagros que estás realizando ahora mismo en medio de mis desórdenes. Gracias por perseguirme cuando me siento inseguro y marginado por aquellos que se niegan a ver tu mano actuando en mi vida. Creo que tú eres el camino, la verdad y la vida, y veo tu poder en acción más claramente que nunca. Continúa fortaleciendo mi fe cuando los obstáculos se ciernen y los milagros parecen imposibles de imaginar. Brilla a través de mí, Dios, para que otros puedan ver tu amor por ellos y tu poder para cambiar vidas. En el nombre de Jesús, Amén.

Vuelve a mirar

Abre tus ojos y adora a Jesús

Cuando experimentes el milagro de Dios en tu desorden,
vuelve a mirar lo que ves.

La adoración incondicional es la única respuesta apropiada
cuando abres los ojos de tu corazón.

Muchas personas creen que pueden detectar inmediatamente la mercancía falsificada.

Yo solía ser una de ellas. Después de todo, ya he caminado por Canal Street en Nueva York y he visto las docenas de vendedores ambulantes con sus artículos de lujo de imitación repartidos en mantas y mesas plegables. He viajado al extranjero y he pasado por puestos de mercados al aire libre y pequeñas tiendas que anuncian artículos de lujo de marca a precios muy rebajados.

A primera vista, ves todo tipo de bolsos de diseño, gafas de sol, gorras, joyas y relojes por una fracción de su precio de venta habitual. Sin embargo, si observas con detenimiento, muchos de los logotipos y etiquetas parecen no ser los adecuados. Los colores son parecidos, pero no exactos, y la artesanía de los originales no está presente en absoluto. Cualquiera que conozca el aspecto de los artículos reales no se dejaría engañar por mucho tiempo. Sin embargo, una tarde estaba en una reunión y me fijé en el nuevo reloj que llevaba mi amigo. Lo primero que pensé fue que debía ser más rico de lo que yo creía, que se había ganado la lotería o que había recibido alguna otra ganancia inesperada. No soy un gran aficionado a los relojes, sobre todo ahora que nuestros teléfonos nos informan de la hora de forma tan extraordinaria, pero el elegante cronómetro en la muñeca de mi amigo me hizo reconsiderar. El brillante brazalete de acero inoxidable y la esfera negra identificaban fácilmente al fabricante suizo de su gran joya.

Después de la reunión, tomamos un café juntos y comentamos la presentación que acabábamos de presenciar. Mientras terminábamos nuestras bebidas, lo felicité por su reloj y me burlé suavemente de su exorbitante valor.

—Gracias, Sam —dijo—. Toma, echa un vistazo si quieres. —Y antes de que pudiera negarme, se quitó el reloj y me lo entregó. Una vez más, tuve que admirar el arte mecánico del reloj. La simetría de los números, la discreta ventanilla de la fecha, la forma icónica de las agujas: los detalles gritaban que estaban bien hechos y eran caros.

—¿Por qué no te lo pruebas? —me instó al ver mi admiración. Sonreí y negué con la cabeza.

—Ponte detrás de mí —bromeé y se lo devolví—. Tengo miedo de que se me caiga o de que se raye accidentalmente el cristal.

—Mi amigo sostuvo el reloj y luego lo golpeó, con la cara hacia abajo, sobre la mesa.

—No, no se puede dañar este bebé. Es indestructible. Además, no es tan caro y se puede cambiar fácilmente.

Mis ojos se abrieron de par en par. —Tal vez para tu nivel de ingresos, amigo mío.

Sonrió con complicidad y luego comenzó a reírse. —Sam, no es real. Es una imitación muy buena. Se lo compré a un tipo que conozco en Singapur.

—¡No puede ser! —dije mientras volvía a tomar el reloj—. No sé mucho de relojes, pero sé reconocer la calidad. Y nunca adivinaría que esto no es de verdad.

—El auténtico es muy caro, mucho más de lo que me gustaría gastar en algo así para mí. Pero cuando mi amigo me lo ofreció por el precio de un Timex, no pude resistirme.

—Bueno, definitivamente me engañaste.

Mi amigo se encogió de hombros. —Utiliza muchos de los mismos materiales que el original, pero si abrieras la caja y compararas el mecanismo, ahí es donde no podrías pasar por alto la diferencia. A veces, una falsificación tiene el mismo aspecto que el original al que imita. Pero nunca es igual por dentro.

La falsificación de la fe

La palabra *falsificación* proviene del término latín *falsificatio*, y describe artículos —a menudo obras de arte o artículos domésticos caros— creados específicamente para imitar o al menos parecerse a artículos ya disponibles. Literalmente, una falsificación va en contra de una creación original, lo que la convierte en sinónimo de la palabra *imitación*.

Sin embargo, en la mayoría de los casos, este tipo de imitación no es la forma más sincera de adulación. Y la falsificación no se limita a la moneda y los artículos de lujo. Según *Fast Company*, estudios recientes estiman que casi un *billón* de dólares en mercancía falsificada cambia de manos cada año en la economía mundial.[1] Y con la llegada de las compras en línea, anunciadas por Amazon, para prácticamente todos los productos personales y domésticos, los productos falsos se han infiltrado en casi todos los bienes de consumo, no solo en los artículos de lujo. Desde el detergente para la ropa hasta la leche de fórmula para bebés, los productos son vendidos por falsificadores que venden sus mercancías utilizando marcas y etiquetas conocidas pero con ingredientes más baratos e inferiores. Para combatir estas prácticas y proteger a sus clientes, Amazon creó en 2020 una Unidad de Delitos de Falsificación que ha bloqueado más de diez mil millones de listados fraudulentos y ha destruido dos millones de productos falsificados.[2] La falsificación es, obviamente, un gran problema penal y económico que afecta a millones de vidas. Muchos consumidores no saben que están comprando productos falsos.

Pero sospecho que la falsificación espiritual es también un gran problema en nuestro mundo actual. De hecho, basado en lo que vemos en la Biblia, no hay nada nuevo en la gente que finge su fe. El fariseísmo, el legalismo y la hipocresía han existido durante miles de años.

Volviendo al milagroso y desordenado encuentro que tuvo Jesús con el hombre que había nacido ciego, encontramos a los líderes religiosos judíos intentando desacreditar al receptor de este milagro divino. También intentaban pintar a Cristo como un pecador que estaba cometiendo una herejía. Los líderes religiosos querían ser vistos como piadosos y devotos seguidores de Dios, pero no reconocían al Hijo de Dios en medio de ellos. Y lo que es más, parecían asustados por la posibilidad de que Jesús pudiera ser realmente el Mesías que habían prometido los profetas de antaño. ¿Por qué? Porque Jesús no se parecía ni actuaba como ellos esperaban.

Los fariseos y los líderes religiosos judíos esperaban intrínsecamente un Mesías que reconociera su estatus terrenal y les mostrara el respeto y la admiración que creían merecer. Seguían todas las leyes de Moisés al pie de la letra, oraban elocuentemente en público y juzgaban y denunciaban abiertamente a los pecadores que encontraban. Estos elitistas del templo justificaban sus acciones pecaminosas señalando las acciones de otros, incluso arrastrando a una mujer que fue sorprendida en medio de una relación adúltera ante Jesús y sobornando a Judas para que traicionara a su Maestro.

Y su motivo era a menudo proteger el barniz de su propia fe falsa. No se centraban en agradar a Dios, en obedecer la esencia de la ley o en utilizar su poder para servir a los demás de forma responsable y caritativa; en cambio, estos farsantes perseguían a Jesús, y por asociación, a los que creían en Él. Personas que estaban dispuestas a depositar su confianza en el poder de Dios. Personas que estaban dispuestas a dejar de lado sus expectativas y a echar un segundo vistazo. Personas que estaban dispuestas a recibir el milagro para ellos en medio de su desorden.

Lo estás mirando a Él

Incluso después de que el ciego hubiera sido sanado y hubiera testificado dos veces ante ellos, incluso después de que lo despidieran por atreverse a cuestionar su autoridad, los líderes religiosos judíos aparentemente se negaron a rendirse. A juzgar por el final de este acontecimiento que se relata en el Evangelio de Juan, parece que le siguieron, o a Jesús, o a ambos. Como si se tratara de una vigilancia privada, debieron de estar escuchando a escondidas la conversación que Jesús mantuvo con el hombre que había sanado ese mismo día después del milagro. Porque, a juzgar por su interrupción, era evidente que esperaban tener la última palabra.

Cuando Jesús supo lo que había pasado, encontró al hombre y le preguntó:

—¿Crees en el Hijo del Hombre?

—¿Quién es, señor? —contestó el hombre—. Quiero creer en él.

—Ya lo has visto —le dijo Jesús—, ¡y está hablando contigo!

—¡Sí, Señor, creo! —dijo el hombre. Y adoró a Jesús.

Entonces Jesús le dijo:

—Yo entré en este mundo para hacer juicio, para dar vista a los ciegos y para demostrarles a los que creen que ven, que, en realidad, son ciegos.

Algunos fariseos que estaban cerca lo oyeron y le preguntaron:

—¿Estás diciendo que nosotros somos ciegos?

—Si fueran ciegos, no serían culpables —contestó Jesús—, pero siguen siendo culpables porque afirman que pueden ver.

Juan 9:35-41

Cuando Jesús sanó a este hombre de su ceguera congénita, el Señor demostró su capacidad de infundir su ADN divino en la tierra a sus pies para crear un milagro de barro. Al elegir realizar el milagro de esta manera, Cristo demostró la esencia de su identidad como Dios y como hombre, el puente entre el cielo y la tierra, la encarnación divina de Dios en forma humana. Pero cuando el hombre que sanó fue expulsado por la élite religiosa, Jesús fue a buscarlo.

Jesús no tenía que ir a buscar a este hombre más de lo que necesitaba para sanarlo en primer lugar. Consciente de cómo este nuevo receptor de la vista milagrosa se había enfrentado a los fariseos, Cristo optó por revelarse ante él de forma directa, innegable e inconfundible. Le preguntó a bocajarro: «¿Crees en el Hijo del Hombre?».

En lugar de preguntarle al hombre: «¿Crees en mí?» o «¿Crees en el Hijo de Dios?», Jesús se refirió a sí mismo como el Hijo del Hombre. Esta era una forma de referirse a sí mismo que utilizaba con frecuencia. Según mis cálculos, encontramos «Hijo del Hombre» unas ochenta veces en el Nuevo Testamento, treinta de ellas en el Evangelio de Mateo. Además de subrayar la divinidad de Dios en forma humana, «Hijo del Hombre» tiene un significado histórico y bíblico.

La mayoría de los oyentes judíos que escuchen estas referencias sabrán que «Hijo del Hombre» aparece una docena de veces en el Antiguo Testamento, tanto en Ezequiel (ver 2:1-10) como en Daniel (ver 7:13-14). Estas referencias nos recuerdan el sufrimiento humano que padeció Jesús por nosotros. Aunque era plenamente Dios, también era plenamente humano y experimentó todo lo que experimentamos los seres humanos, pero sin pecar (ver Hebreos 4:15; 2 Corintios 5:21). Esta dualidad de ser Dios y hombre señala en última instancia el propósito de Jesús al venir a la tierra en forma humana: «Pues el Hijo del Hombre vino a buscar y a salvar a los que están perdidos» (Lucas 19:10).

El hombre del milagro respondió a la pregunta de Jesús de una manera muy reveladora. «¿Quién es, señor? —contestó el hombre—. Quiero creer en él». Este hombre ha estado usando su visión durante menos de veinticuatro horas, y aun así quería que Jesús le señalara —literalmente, muy probablemente— al

Hijo del Hombre. Básicamente, parece estar diciendo: «Quiero creer. Solo muéstrame». Jesús le dijo: «Lo estás mirando. ¿No reconoces mi voz?». Observa la inferencia aquí. Después de confiar toda su vida en su sentido del oído, el hombre ciego de nacimiento seguramente había desarrollado un oído agudo para identificar a las personas por sus voces. Así que, en cierto sentido, Jesús preguntó esto basándose en el reconocimiento de la elevada cognición auditiva de su nuevo seguidor.

Sin embargo, quizá más significativamente, Jesús también aludió a la conclusión lógica que este hombre recién vidente había presentado a los líderes religiosos que lo interrogaban. «Desde el principio del mundo, nadie ha podido abrir los ojos de un ciego de nacimiento. Si este hombre no viniera de parte de Dios, no habría podido hacerlo» (Juan 9:32-33). Así que al preguntar «¿No reconoces mi voz?», Jesús también estaba ayudando a este hombre a aceptar lo que claramente ya sabía.

Milagros en medio de nosotros

A veces sospecho que Jesús nos hace la misma pregunta que le hizo a este hombre que fue ciego. «Estoy delante de ti. ¿No reconoces mi voz cuando la oyes?». Porque cuando seguimos a nuestro Buen Pastor, cuando tenemos al Espíritu Santo viviendo en nosotros, aprendemos el sonido de la voz de nuestro Salvador con tanta confianza como el receptor del milagro la escuchó aquel día. Consideremos otra ocasión en la que Jesús declaró: «Mis ovejas escuchan mi voz; yo las conozco, y ellas me siguen. Les doy vida eterna, y nunca perecerán. Nadie puede quitármelas» (Juan 10:27-28).

Cuando escuchamos y seguimos la voz del Espíritu, aprendemos a ver a Jesús a nuestro alrededor: en la impresionante belleza de la creación, en la vida de otras personas y en los milagros que se producen entre nosotros. Cuando seguimos la voz de nuestro Maestro, puede que tengamos que echar un segundo o un tercer vistazo, pero no podemos perdernos su presencia delante de nosotros. A medida que nuestros ojos espirituales se acostumbran a mirar a través de un lente divino y a ver la perspectiva eterna de Dios, nos damos cuenta de que ocurre mucho más de lo que ven nuestros ojos mortales.

Porque Dios siempre está actuando en nuestras vidas, ya sea que lo veamos —o lo veamos como esperamos verlo— o no. Pablo escribió a los primeros creyentes de Éfeso: «Pido que les inunde de luz el corazón, para que puedan entender la esperanza segura que él ha dado a los que llamó —es decir, su pueblo santo—, quienes son su rica y gloriosa herencia. También pido en oración que entiendan la increíble grandeza del poder de Dios para nosotros, los que creemos en él» (Efesios 1:18-19).

La Palabra de Dios hace el contraste aún más agudo entre lo que vemos con nuestros ojos y lo que vemos con los ojos de nuestro corazón. «Así que no miramos las dificultades que ahora vemos; en cambio, fijamos nuestra vista en cosas que no pueden verse. «Pues las cosas que ahora podemos ver pronto se habrán ido, pero las cosas que no podemos ver permanecerán para siempre» (2 Corintios 4:18). Aprendemos a abrir los ojos y a ver más allá de lo que nuestros ojos humanos registran, a medida que maduramos en nuestra fe. «Pues vivimos por lo que creemos y no por lo que vemos» (2 Corintios 5:7).

Incluso cuando hemos estado caminando por la fe y creciendo en el Señor, todavía podemos apartar nuestros ojos de Jesús y sentirnos abrumados por lo que vemos. Estamos caminando en la fe y acercándonos a Dios más que nunca a pesar de las tormentas que nos rodean, cuando de repente tropezamos y perdemos el equilibrio. En lugar de caminar sobre las aguas, de repente vacilamos por el miedo.

Pregúntale a Pedro.

Contra el viento

De todos los discípulos de Jesús en el Nuevo Testamento, ninguno me intriga más que Simón Pedro. Pescador de profesión, Pedro muestra tanto las emociones conflictivas como la fe apasionada que la mayoría de los seguidores de Jesús experimentan en su relación con Él. Después de haber sacado una espada para defender a Jesús cuando los soldados romanos vinieron a arrestarlo en el Huerto de Getsemaní, Pedro procedió a negar incluso conocer a Cristo —no una sino tres veces— solo horas después. Sin embargo, quizá la razón por la que Pedro me intriga tanto surge de su visión deteriorada.

Lo digo por dos situaciones diferentes en las que Pedro cambió de perspectiva y perdió de vista lo espiritual al centrarse en lo temporal. Una puede parecer más obvia que la otra. Pedro y los discípulos estaban navegando una noche cuando se desató una tormenta. Después de enseñar y alimentar a los más de cinco mil asistentes, Jesús envió a sus discípulos al otro lado del mar de Galilea. Necesitaba pasar un tiempo en oración a solas (ver Mateo 14). Cuando Jesús finalmente intentó reunirse con ellos, Pedro tuvo dificultades para entender lo que vio.

A eso de las tres de la madrugada, Jesús se acercó a ellos caminando sobre el agua. Cuando los discípulos lo vieron caminar sobre el agua, quedaron aterrados. Llenos de miedo, clamaron: «¡Es un fantasma!».

Pero Jesús les habló de inmediato:

—No tengan miedo —dijo—. ¡Tengan ánimo! ¡Yo estoy aquí!

Entonces Pedro lo llamó:

—Señor, si realmente eres tú, ordéname que vaya hacia ti caminando sobre el agua.

—Sí, ven —dijo Jesús.

Entonces Pedro se bajó por el costado de la barca y caminó sobre el agua hacia Jesús, pero cuando vio el fuerte viento y las olas, se aterrorizó y comenzó a hundirse.

—¡Sálvame, Señor! —gritó.

De inmediato, Jesús extendió la mano y lo agarró.

—Tienes tan poca fe —le dijo Jesús—. ¿Por qué dudaste de mí?

Cuando subieron de nuevo a la barca, el viento se detuvo. Entonces los discípulos lo adoraron. «¡De verdad eres el Hijo de Dios!», exclamaron.

Mateo 14:25-33

Los discípulos pensaron que estaban viendo un fantasma y reaccionaron tal vez como cualquiera de nosotros habría respondido. Recuerda que estaban en una barca en los momentos previos al amanecer de una mañana oscura y ventosa. Jesús les dijo que no tuvieran miedo porque no era un fantasma lo que veían: «Soy yo». Supuso, comprensiblemente, que reconocerían su voz aunque no pudieran verlo con claridad. Es probable que sea la misma suposición que hizo Cristo cuando le preguntó a quien había estado ciego: «¿No reconoces mi voz?».

No sabemos si Pedro y los demás no podían oír claramente a su Maestro, pero sí sabemos que Pedro aún no estaba del todo convencido. Se le ocurrió una prueba improvisada que solo Jesús podía cumplir: «Señor, si eres tú, dime que vaya a ti sobre el agua». Me llama la atención que Pedro no pidiera que Jesús se probara a sí mismo iluminando su rostro, deteniendo el viento o subiendo a su barca con ellos. Pedro quería que Jesús le diera el poder de hacer lo que el mismo Señor estaba haciendo: caminar sobre el agua.

Jesús le ordenó a Pedro que saliera de la barca hacia Él, y así lo hizo. No se nos dice cuántos pasos dio ni hasta dónde llegó, pero Pedro no tardó en perder de vista a su Maestro y en perder el poder sobrenatural que sostenía sus pasos sobre las olas. ¿Por qué vaciló Pedro de esta manera? Se nos dice que «cuando vio el fuerte viento y las olas, se aterrorizó y comenzó a hundirse» (Mateo 14:30).

La experiencia de Pedro aquí sigue siendo increíblemente relacionable con nosotros hoy en día. Cuando nos sentimos inseguros, ansiosos y temerosos, le pedimos a Dios que nos dé una señal, que nos permita hacer algo imposible. Entonces, cuando el Señor nos da su poder, salimos de nuestras barcas y empezamos a caminar sobre el agua. Sin embargo, al poco tiempo, al igual que Pedro, vemos el viento. Y lo que me encanta de esto es que el viento realmente no es algo que podamos ver.

Piénsalo. Vemos cómo el viento mueve los árboles o sopla sobre el agua o arremolina el polvo en el aire, pero no podemos ver las corrientes en sí. Sin embargo, cuando nos ponemos en las sandalias de Pedro, sabemos que no tenemos que ver el viento para tener miedo de cómo se siente a nuestro alrededor. Cuando elegimos ser un observador del viento, nos dejamos abrumar por lo que nos dicen nuestros sentidos. Esta es una reacción humana natural ante la mayoría de las circunstancias adversas, pero aun así podemos elegir, como hizo Pedro.

CUANDO ELEGIMOS SER UN OBSERVADOR DEL VIENTO, NOS DEJAMOS ABRUMAR POR LO QUE NOS DICEN NUESTROS SENTIDOS.

Podemos rendirnos y vivir de acuerdo con lo que nos dicen nuestros sentidos, o podemos seguir caminando por la fe incluso cuando la vida se vuelve más difícil. A veces tenemos que volver a mirar en lugar de apartar la vista.

Visión deteriorada

La otra ocasión en que la visión deteriorada de Pedro causó problemas no surge en un lago ventoso, sino en una conversación con Jesús. Este es el contexto: al principio del ministerio público de Jesús, este utilizó el discernimiento divino para revelar su identidad como Hijo del Hombre, de forma similar a lo que ocurre con el ciego que sanó. Sin embargo, en una ocasión, mientras Cristo compartía las implicaciones de ser el Hijo de Dios, Pedro se esforzó por comprender el significado de su Maestro:

> Jesús y sus discípulos salieron de Galilea y fueron a las aldeas cerca de Cesarea de Filipo. Mientras caminaban, él les preguntó:
> —¿Quién dice la gente que soy?
> —Bueno —contestaron—, algunos dicen Juan el Bautista, otros dicen Elías, y otros dicen que eres uno de los otros profetas.
> Entonces les preguntó:
> —Y ustedes, ¿quién dicen que soy?
> Pedro contestó:
> —Tú eres el Mesías.
>
> Marcos 8:27-29

No se nos dice por qué Jesús preguntó a sus discípulos quién decía la gente que era Él, pero es razonable suponer que era consciente de que ya estaba llamando la atención e inspirando rumores. O tal vez Jesús simplemente quería dejar claro el contraste entre los rumores de su identidad y la realidad de su deidad. Porque cuando los discípulos mencionaron a Juan el Bautista, a Elías o a alguno de los profetas, Jesús hizo entonces una pregunta mucho más personal y pertinente: «¿Y ustedes, ¿quién dicen que soy yo?». Observa que Pedro dio lo que parece ser la respuesta obvia: «Tú eres el Mesías». Pero entonces su conversación dio un giro sorprendente cuando Cristo describió lo que le esperaba como Mesías:

> Entonces Jesús comenzó a decirles que el Hijo del Hombre tendría que sufrir muchas cosas terribles y ser rechazado por los ancianos, por los principales sacerdotes y por los maestros de la ley religiosa. Lo matarían, pero tres días después resucitaría.
>
> Mientras hablaba abiertamente de eso con sus discípulos, Pedro lo llevó aparte y empezó a reprenderlo por decir semejantes cosas.
>
> Jesús se dio la vuelta, miró a sus discípulos y reprendió a Pedro: «¡Aléjate de mí, Satanás! —dijo—. *Ves las cosas solamente desde el punto de vista humano, no del punto de vista de Dios*».
>
> Entonces llamó a la multitud para que se uniera a los discípulos, y dijo: «Si alguno de ustedes quiere ser mi seguidor, tiene que abandonar su propia manera de vivir, tomar su cruz y seguirme. Si tratas de aferrarte a la vida, la perderás; pero si entregas tu vida por mi causa y por causa de la Buena Noticia, la salvarás».
>
> Marcos 8:31-35, énfasis añadido

No se puede pasar por alto la audacia de Pedro aquí al reprender a Jesús. Evidentemente, las expectativas de Pedro respecto a quién era Jesús no incluían el sufrimiento, el rechazo y la crucifixión. Desde el limitado punto de vista humano de Pedro, el Hijo de Dios nunca tendría que soportar tal dolor, injusticia y abandono de la gente que vino a salvar. ¿Por qué? Porque Dios es todopoderoso y podría destruir fácilmente a cualquiera que intentara hacerle daño durante su estancia en la tierra. Jesús entonces reprendió a Pedro con la mayor dureza posible. «¡Aléjate de mí, Satanás!». No es que Pedro estuviera repentinamente poseído por el diablo; al menos, no creo que sea el caso. Pero al reprender a Jesús por predecir lo que tenía que enfrentar como Hijo del Hombre, Pedro le recordó a Jesús que su voluntad de soportar tal abuso, tal trauma, incluso la muerte era, de hecho, una elección. Creo que esta es la humanidad de Jesús diciéndole a Pedro que no lo tentara. Al reprender a Pedro de esta manera, es como si Cristo dijera: «No me recuerdes que puedo elegir no hacer la voluntad de mi Padre. Estoy en una misión y mi misión no puede fallar».

Pedro no comprendió la capacidad de Jesús de conocer de antemano el futuro hacia el que iba a caminar y, quizá más importante, su necesidad de que Jesús pagara por los pecados del mundo. Sin embargo, cuando este apasionado discípulo experimentó el poder del Espíritu de Cristo en él, Pedro se convirtió en un defensor del mensaje del Evangelio y fue fundamental para la Iglesia primitiva. Aprendió a crecer dejando de ver solo con sus ojos, sino con los ojos de su corazón.

Adoración incondicional

Este proceso de desarrollo de la visión espiritual también le ocurrió al ciego que Jesús sanó. Una vez que Jesús se reveló como el Hijo del Hombre, ¿cómo respondió el hombre? «"Maestro, creo", dijo el hombre. Y adoró a Jesús» (Juan 9:38). Es la misma respuesta que tuvieron los discípulos que habían sido abatidos por el viento cuando se dieron cuenta de que realmente era Jesús el que estaba en medio de ellos. Lo adoraron y declararon: «¡De verdad eres el Hijo de Dios!» (Mateo 14:33).

La adoración incondicional es la única respuesta apropiada cuando ves a Jesús.

¡LA ADORACIÓN INCONDICIONAL ES LA ÚNICA RESPUESTA APROPIADA CUANDO VES A JESÚS!

Sin embargo, en lugar de adorar a Cristo, los fariseos escucharon el intercambio entre Jesús y el hombre del milagro y preguntaron: «¿Estás diciendo que nosotros somos ciegos?» (Juan 9:40). Casi se puede oír el desprecio y la indignación en sus voces. Pero la verdad del que respondía a su pregunta no era lo que querían oír. «"Si fueran ciegos, no serían culpables —contestó Jesús—, pero siguen siendo culpables porque afirman que pueden ver"» (Juan 9:41).

Fíjate que su culpa radica en su pretensión de «verlo todo tan bien», haciéndolos responsables de la «culpa y el fracaso» de su autojusticia e hipocresía. En lugar de ver a Jesús por lo que es, el Hijo de Dios, estos líderes religiosos impenitentes solo vieron lo que querían ver: alguien a quien temían y odiaban y que era una amenaza para su poder. Se negaron a mirar de nuevo y a abrir los ojos. Permanecieron ciegos mientras que al hombre que había nacido ciego se le concedió una doble visión. Recibió el don de unos ojos sanos y el don de la fe en el Dador de ese don.

Solo puedo imaginar que este hombre adoraba a Jesús con un amor, una alabanza y una gratitud que avergonzaría a muchos servicios religiosos. Este hombre sabía cuándo ponerse de pie ante los fariseos y cuándo inclinarse ante Cristo el Señor. Este hombre aprendió a abrir los ojos y ver, y lo que vio resultó en adoración. Me atrevo a decir que no le importaba lo que los fariseos pensaran de él o lo que pudieran hacerle. Lo único que le importaba era adorar a Jesús.

Cuando experimentas el poder, la paz y la alegría en tu desordenado milagro, abres los ojos y adoras. Adoras en medio de tus heridas, te regocijas en medio de tu conmoción y alabas a través de tus problemas. Cantas en el desierto porque sabes que bailarás en la Tierra Prometida. Con el salmista proclamas: «Vengan, adoremos e inclinémonos. Arrodillémonos delante del SEÑOR, nuestro creador» (Salmos 95:6).

Cuando te inclinas ante Dios, puedes estar de pie ante el hombre.

Cuando te arrodillas con convicción, puedes levantarte para vencer.

Cuando empiezas el día de rodillas, terminarás el día de pie.

Cuando abres tus ojos para adorar, Dios revelará su presencia de nuevo.

Dios te bendecirá en presencia de aquellos que te quebrantaron.

Dios te llenará en presencia de aquellos que te abandonaron.

Dios te utilizará en presencia de aquellos que te rechazaron.

Dios te levantará en presencia de aquellos que te derribaron.

Dios te promoverá en presencia de aquellos que te persiguieron.

Dios te coronará en presencia de aquellos que te «cancelaron».

Dios te iluminará en presencia de aquellos que te rechazaron.

La Biblia nos asegura que la fe viene de escuchar la Palabra de Dios (ver Romanos 10:17). Ahora no es el momento de escuchar a los fariseos que dudan del poder de Jesús incluso cuando se enfrentan al milagro andante que demuestras en medio de ellos.

Ahora no es el momento de escuchar a los chismosos y parlanchines que especulan sobre quién es Jesús cuando tú ya sabes que es el Hijo de Dios, el Príncipe de la Paz, Emmanuel, el Mesías, tu Señor y Salvador. Ahora no es el momento de mirar al viento o escuchar la voz del miedo en tu mente.

¿A quién has estado escuchando? ¿Hay algunas voces que necesitas silenciar?

Nunca olvidaré cuando estaba en Washington, D. C., en 2017 el día de la inauguración del nuevo presidente. Yo estaba a punto de subir a hablar ante más de mil millones de personas en la televisión, las redes sociales y la transmisión en vivo cuando —no es broma— recibí un nuevo mensaje en Facebook de una desconocida que me advertía que ella tenía una palabra profética de que algo terrible estaba a punto de suceder. Aunque quería darle el beneficio de la duda y esperaba que sus motivos fueran bienintencionados, lo que sabía era que Dios había realizado nada menos que un milagro para que yo estuviera donde estaba ese día, hablando y orando por nuestro Comandante en Jefe ante una reunión mundial.

Así que, ¿sabes lo que hice? La bloqueé. Su voz era desconocida, así que tuve que escuchar la voz que conocía: la voz de mi Pastor. La voz del Espíritu de Dios dentro de mí. La voz que el hombre que había sido ciego de nacimiento reconoció como su Sanador y su Maestro. La voz que Pedro oyó decir: «Ven».

Entonces supe lo que todavía sé, y quiero asegurarme de que tú lo sepas: «Pero en aquel día venidero, ningún arma que te ataque triunfará. Silenciarás cuanta voz se levante para acusarte. Estos beneficios los disfrutan los siervos del SEÑOR; yo seré quien los reivindique. ¡Yo, el SEÑOR, he hablado!» (Isaías 54:17).

Ningún arma formada contra ti prosperará.
Ningún arma formada contra tu familia prosperará.
Ningún arma formada contra tus hijos prosperará.
Ningún arma formada contra tu fe prosperará.
Ningún arma formada contra tu futuro prosperará.
Ningún arma formada contra tu salud prosperará.
Ningún arma formada contra tu generación prosperará.
Ningún arma formada contra tu adoración prosperará.

Amigo mío, no abras los ojos para demostrar que tus enemigos están equivocados. No abras los ojos para demostrar que tu familia está equivocada. No abras los ojos para probar nada.

Tu adoración es más poderosa que tu herida. Tu testimonio es más poderoso que tu trauma. Tu alabanza es más poderosa que tu dolor.

Lo que Jesús hizo por ti es más grande que lo que el infierno te hizo. Lo que Jesús hizo por ti es más grande que lo que la vida te hizo. Lo que Jesús hizo por ti es más grande que lo que tú mismo te hiciste.

Niégate a conformarte con una fe falsa. Niégate a ver solo con tus ojos. Niégate a dudar del Hacedor de tus milagros.

Abre tus ojos y adora al Dios vivo. Abre tus ojos y adora en el Espíritu de la verdad. *Abre tus ojos y adora al Señor Jesucristo.*

ABRE TUS OJOS

Una vez más, utiliza estas preguntas y el inicio de la oración que aparece a continuación como una oportunidad para ver a Jesús más claramente, para escuchar la voz de su Espíritu y para dar un paso en la fe. Elimina todas las distracciones e interrupciones posibles. Silencia tu teléfono, apaga tu portátil, cierra tu pantalla y dale a Dios toda tu atención durante los próximos minutos. Tu objetivo es simplemente deleitarte con la presencia de tu Padre y maravillarte con los milagros que Él está haciendo con el barro desordenado de tu vida. En otras palabras, abre los ojos y adora.

1. Mirando hacia atrás, cuando Dios te ha provisto, sanado y liberado milagrosamente, ¿qué notas ahora que no podías ver entonces?

2. ¿Cuándo has elegido adorar a Jesús incluso durante una situación dolorosa o un evento traumático? ¿Cómo experimentaste su presencia incluso a través de tu sufrimiento?

3. ¿Qué ves cuando miras tu vida con los ojos de tu corazón? ¿Qué cambios sabes que Dios quiere que hagas para acercarte a Él?

Querido Señor, nunca permitas que dé por sentado tus muchos dones, bendiciones, señales, maravillas y milagros. Gracias por todas las riquezas espirituales que derramas en mi vida. Te doy mi alabanza y adoración hoy y todos los días de mi vida. Que mi vida sea un testimonio de tu triunfo sobre las pruebas mientras persevero por el poder de tu Espíritu y camino en fiel obediencia. Abre los ojos de mi corazón, Dios, para que pueda ver todo y a todos como tú los ves. Ayúdame a mirar más allá de lo tangible y temporal para centrarme en lo invisible y eterno. En el nombre de Jesús, Amén.

Identidad no secreta

Abre tus ojos a lo que eres en Cristo

Ya no eres lo que eras antes.

En Jesús, a través de Jesús, con Jesús, a causa de Jesús, ¡el nuevo tú está vivo y bien!

Los héroes de mi infancia no tenían identidades secretas, sino *reputaciones*.

Mientras crecía, no me interesaban tanto los superhéroes y los cómics como a algunos de mis compañeros. Como ya sabes, yo era más bien un *nerd* de la ciencia ficción, de *Star Trek*, fascinado por los superpoderes de la ciencia. Si iba a dar rienda suelta a mi imaginación para los personajes de ficción, quería algún tipo de base factual que las leyes de la física y las matemáticas proporcionaran.

Parte del problema que tenía con los superhéroes era el tema de la identidad secreta. Ya sabes, cuando el apacible reportero Clark Kent se metía en la cabina telefónica (¿te acuerdas de eso?), en el baño más cercano o en el armario de los abrigos y salía con la gran «S» roja en el pecho. O cuando el aburrido y rico *playboy* Bruce Wayne desaparecía de la elegante recaudación de fondos justo antes de que Batman apareciera para atrapar a los ladrones. Sin embargo, el capitán James T. Kirk, de la nave estelar *Enterprise*, no necesitaba ni máscara, ni capa, ni cinturón utilitario. Tanto si llevaba el uniforme de la Flota Estelar como si no, siempre era el mismo: un líder encantador, temerario, inteligente y valiente. Del mismo modo, el Primer Oficial del Capitán Kirk, el famoso Sr. Spock, era siempre su ser frío, tranquilo, sereno y totalmente lógico. No había que ocultar quiénes eran, a menos que se tratara de evitar a los adversarios *klingons*.

A pesar de ser ficticios, estos personajes me parecían más coherentes e integrados. No había ningún engaño sobre quiénes eran, cuál era su misión o cuáles eran sus habilidades. Los superhéroes, en cambio, se preocupaban por mantener su identidad en secreto incluso ante su familia y sus seres queridos. Se sentían justificados para engañar a quienes los rodeaban y negar su condición de héroes cuando no estaban disfrazados. Aunque aprecio su necesidad de permanecer encubiertos para hacer su trabajo, prefiero la autenticidad y la transparencia en las personas, ya sean reales o ficticias.

Me doy cuenta de que esta preferencia me hace sonar como el pastor que soy, pero, como es lógico, es lo que soy. Sé que la tendencia que tenemos a ocultar quiénes somos realmente se remonta a Adán y Eva en el Jardín del Edén. Desobedecieron a Dios, cosieron hojas de higuera para cubrir su desnudez y se escondieron. A lo largo del tiempo y de la historia, los seres humanos han luchado a menudo por vivir en la tensión de quiénes son y quiénes quieren ser, y cómo quieren ser vistos por los demás.

Sin embargo, como nos recuerda el encuentro de Jesús con el ciego, una vez que experimentamos su presencia en nuestras vidas, nuestros ojos se abren al hecho de que ya no somos lo que éramos antes.

¡Somos nuevas criaturas en Cristo!

La última ayuda visual

Cuando Jesús y sus discípulos se dieron cuenta de que el hombre era ciego de nacimiento, los discípulos preguntaron la causa de su ceguera. Preguntaron si era el pecado del hombre o el de sus padres. Pero Jesús aclaró inmediatamente que ninguno de los dos tenía la culpa:

—No fue por sus pecados ni tampoco por los de sus padres —contestó Jesús—. Nació ciego para que todos vieran el poder de Dios en él. Debemos llevar a cabo cuanto antes las tareas que nos encargó el que nos envió. Pronto viene la noche cuando nadie puede trabajar; pero mientras estoy aquí en el mundo, yo soy la luz del mundo.

Juan 9:3-5

Ten en cuenta que esta explicación y exhortación combinadas ocurrieron justo antes de que Jesús entrara en acción. En su papel de maestro, Cristo aprovechó este momento perfectamente oportuno para proporcionar la última ayuda visual para ilustrar lo que acababa de decir a sus seguidores. En lugar de ser causada por el pecado de alguien, Jesús indicó que la ceguera del hombre servía como una realidad reveladora para mostrar el poder de Dios en acción.

Cabe destacar que Jesús no le dijo nada directamente al hombre ciego; solo después de que Cristo le cubriera los ojos con barro milagroso le dijo que fuera a lavarse al estanque de Siloé (ver el versículo 7). Curiosamente, el ciego no se opuso, no cuestionó por qué este extraño le estaba poniendo barro sobre sus ojos sin vista, no preguntó la identidad del extraño, no trató de impedir la acción tan personal que se estaba perpetrando sobre él. La respuesta silenciosa del ciego demostró su fe en Dios, sobre todo porque podemos suponer que acababa de escuchar lo que Jesús dijo a sus discípulos.

Una vez más, sospecho que hay ocasiones en las que nos perdemos el desordenado milagro que se realiza en medio de nosotros porque no llega de la manera que esperamos. En lugar de recibir en silencio el barro que debemos soportar antes de lavarnos los ojos y ver de nuevo, nos resistimos al barro por completo. O no entendemos qué y cómo Dios está haciendo lo que está haciendo, por lo que retrocedemos cuando el Espíritu intenta tocarnos con el poder santo. No reconocemos que tener fe en Dios significa renunciar a las limitaciones de nuestra perspectiva humana y confiar en su ventaja omnipotente y omnisciente.

Debemos darnos cuenta de que querer sanarse requiere dar un paso de fe. Otro hombre con el que Jesús tuvo un encuentro también tenía una discapacidad física. Sin embargo, en lugar de no poder ver, no tenía el uso completo de sus piernas y no lo había tenido durante treinta y ocho años (ver Juan 5). Jesús, de camino a Jerusalén para una de las fiestas judías, vio a este hombre tendido cerca de la puerta de las Ovejas del templo, no lejos del estanque conocido como Betesda. En lugar de presentarse o hacer pasteles de barro, Cristo simplemente le preguntó al hombre: «¿Te gustaría recuperar la salud?» (versículo 6).

Ahora bien, una pregunta tan obvia puede parecer innecesaria o incluso cruel. Podría parecer que la pregunta tenía la intención de burlarse de este hombre cojo. Se nos dice que este estanque era bien conocido por su milagroso poder de sanación después de que el agua burbujeaba, presumiblemente cuando era agitada sobrenaturalmente por un ángel. Multitudes de personas que querían ser sanadas, incluyendo ciegos, cojos y paralíticos, se reunían y esperaban en los pórticos de la columnata para ser los primeros en el agua y experimentar la sanación (ver el versículo 3). Está claro que si este hombre estaba allí junto a tantos otros necesitados, quería estar sano. De lo contrario, ¿por qué molestarse en estar allí, verdad?

Esto nos lleva de vuelta a la pregunta de Jesús. ¿Por qué iba a preguntar algo tan aparentemente superfluo? Aparte de lo que observó con sus ojos en la situación, el Hijo de Dios conocía los deseos del corazón de este hombre. Y, aun así, Cristo eligió preguntarle al hombre deliberadamente: «¿Te gustaría recuperar la salud?».

CUANDO RECIBIMOS NUESTRO MILAGRO DESORDENADO, NUESTRAS VIDAS NUNCA SERÁN LAS MISMAS.

Podemos asumir con seguridad que Jesús no estaba siendo poco amable con este hombre. También podemos reconocer que nuestro Señor no estaba simplemente conversando o charlando para ser cortés. Estoy convencido de que Jesús hizo esta pregunta intencionadamente porque es una pregunta que debemos responder por nosotros mismos cuando también encontremos su poder milagroso en medio de nuestro desorden. La respuesta puede parecer obvia, pero cuando recibimos nuestro milagro desordenado, nuestras vidas nunca serán las mismas.

Intervención divina

Tal vez el cojo escuchó la pregunta de Jesús como una oferta para ayudarle a entrar al estanque cuando las aguas burbujean.

Es el tipo de pregunta que tú o yo podríamos hacer a una persona mayor que utiliza un bastón o un caminador cuando nos la encontramos en una esquina esperando a que cambie el semáforo del paso de peatones. En lugar de preguntar: «¿Puedo ayudarle a cruzar la calle?», lo hacemos de una manera que hace que el receptor de nuestra oferta esté menos obligado: «¿Quiere cruzar la calle?». En otras palabras, quitamos el énfasis de nosotros mismos y lo ponemos en la necesidad de esta persona.

Basándonos en la forma en que el cojo respondió a la pregunta de Jesús, tal suposición parece probable. Pero lo que siguió seguramente no era lo que este hombre esperaba escuchar:

—Es que no puedo, señor —contestó el enfermo—, porque no tengo a nadie que me meta en el estanque cuando se agita el agua. Siempre alguien llega antes que yo.

Jesús le dijo:

—¡Ponte de pie, toma tu camilla y anda!

¡Al instante, el hombre quedó sano! Enrolló la camilla, ¡y comenzó a caminar!

Juan 5:7-9

Básicamente, este hombre respondió a Jesús explicando que, debido a su enfermedad, siempre era demasiado lento para meterse al agua a tiempo. El hombre insinuó que si tuviera a alguien que le ayudara a meterse más rápido en el estanque, entonces recibiría el milagro de sanación que estaba allí para experimentar. Tal vez esperaba que este curioso desconocido tuviera la amabilidad de ofrecerle ayuda.

En cambio, Jesús le dijo al hombre que se levantara, recogiera la camilla en la que estaba acostado y caminara. El hombre se sanó al instante y obedeció como se le había ordenado. No necesitó la ayuda de nadie para levantarse y bajar al estanque de Betesda. No necesitó ayuda para ser el primero en meterse al agua. De hecho, ¡ni siquiera necesitaba el agua! Al instante, el hombre debió sentir que los nervios, los músculos y los huesos de la mitad inferior de su cuerpo cobraban vida. No dudó en ponerse de pie por sí mismo, en recoger su camilla o en marcharse.

Esta sanación me intriga. Me intriga tanto por la forma en que Jesús la realizó como por el poder espiritual que mostró. Aunque no hizo lodo ni usó agua del estanque cercano, Jesús requirió la participación del cojo a través de la fe. «¿Te gustaría recuperar la salud?». No fue una pregunta retórica, sino un punto de inflexión presentado a un inválido que falsamente creía que era impotente.

Los milagros en nuestros desórdenes requieren nuestra participación. A menudo esperamos pasivamente a Dios y luego culpamos de nuestro sufrimiento a lo que nos falta, a otras personas o al mal momento. Sin embargo, creo que Dios está esperando que nos levantemos, recojamos nuestra camilla y caminemos. Asumimos que somos impotentes aun sabiendo que tenemos el Espíritu de Dios vivo y todopoderoso que mora en nosotros. Así que nos quedamos acostados y deseamos que alguien haga por nosotros lo que solo nosotros podemos hacer por nosotros mismos.

El hombre cojo había estado esperando y esperando durante treinta y ocho años y nadie había venido por él. Es de suponer que aún albergaba esperanzas porque, después de todo, seguía acudiendo al estanque. Parece lógico que culpara de su sufrimiento continuo a su incapacidad. Consideraba que su sanación estaba condicionada por variables que escapaban a su control. Llegar allí con su camilla y esperar a que las aguas burbujearan era lo mejor que pensaba que podía hacer.

Pero Jesús intervino y le preguntó si el hombre quería sanarse. Cristo te hace la misma pregunta: «¿Quieres quedar sano?». *¿Quieres mi milagro en medio de tu desorden? ¿Quieres que mi Espíritu se desate en tu vida? ¿Quieres abrir tus ojos al nuevo tú?*

Quién es quién

No importa cuáles sean tus circunstancias en este momento, tienes opciones.

Puedes permanecer en una mentalidad de víctima como el hombre cojo, o puedes abrazar el poder sanador del Espíritu Santo en tu vida. También existe la opción de creer que puedes controlar tus circunstancias por tu propio poder, que es la elección que vemos hacer una vez más a los líderes religiosos en respuesta a presenciar el milagro que pasa por ellos. Notarás que una vez que el cojo camina, la situación se parece notablemente a la que experimentó el ciego después de lavarse el barro de los ojos:

¡Al instante, el hombre quedó sano! Enrolló la camilla, ¡y comenzó a caminar! Pero ese milagro sucedió el día de descanso, así que los líderes judíos protestaron. Le dijeron al hombre que había sido sanado:

—¡No puedes trabajar el día de descanso! ¡La ley no te permite cargar esa camilla!

Pero él respondió:

—El hombre que me sanó me dijo: "Toma tu camilla y anda".

—¿Quién te dijo semejante cosa? —le exigieron.

El hombre no lo sabía, porque Jesús había desaparecido entre la multitud; pero después, Jesús lo encontró en el templo y le dijo: «Ya estás sano; así que deja de pecar o podría sucederte algo mucho peor». Entonces el hombre fue a ver a los líderes judíos y les dijo que era Jesús quien lo había sanado.

Juan 5:9-15

Vemos que los líderes religiosos judíos vuelven a hacer de las suyas, ignorando el milagro que tenían delante y centrándose en las minucias de la ley. Una vez más, esta sanación tiene lugar el sábado, un día sagrado de descanso con leyes estrictas sobre lo que se puede y no se puede hacer. Aparentemente, la lista de lo que no se podía hacer incluía llevar la camilla a todas partes, incluso si la llevabas a casa después de haber sido sanado milagrosamente.

Cuando el hombre recién sanado y totalmente ambulante les dijo a los líderes religiosos que simplemente estaba cumpliendo con las instrucciones de la persona que lo había sanado, ellos quisieron saber la identidad de este sanador. Mi sospecha es que ya tenían una buena idea de que era Jesús quien había sanado a este hombre, pero si lograban que este testigo lo identificara, entonces podrían hacer caer la ley sobre Él. Este parece haber sido su objetivo una y otra vez.

El hombre que había sido sanado aparentemente no sabía el nombre de su benefactor, dejando que los fariseos se enfurecieran en su propia frustración indignada. Sin embargo, la ignorancia del hombre no duró mucho. Al igual que hizo Jesús con el ciego que sanó, se acercó a él y se reveló. Y una vez más, Jesús instruyó al hombre para que se arrepintiera, dejando claro su poder para sanar el cuerpo y el alma. Ahora que conocía el nombre de su sanador, el hombre informó a los líderes judíos.

No es de extrañar que comenzaran a perseguir a Jesús (ver el versículo 16). En su defensa, Jesús explicó: «Mi Padre siempre trabaja, y yo también» (Juan 5:17). Sin embargo, esta verdad solo enfureció a los líderes religiosos, porque ahora Jesús no solo estaba infringiendo la ley del sábado, sino que se refería a Dios como su Padre. A pesar de explicar quién era y por qué estaba allí, Jesús se convirtió en el blanco del establecimiento religioso judío. Obviamente no querían estar bien ni estaban dispuestos a caminar por la fe. Querían conocer la identidad de Jesús; pero incluso después de que se les revelara, lo odiaron. No pudieron controlarlo, ni, como sabemos, pudieron matarlo. Tú tienes la misma opción. Cuando te enfrentas a la revelación de Cristo en medio de ti, puedes vendarte los ojos como los fariseos, o puedes abrir los ojos y experimentar la alegría de ser un hijo de Dios perdonado.

La lógica de la pérdida

TE AMA DEMASIADO COMO PARA PERMITIR QUE TE QUEDES EN EL BARRO DONDE ESTÁS.

Cuando comienzas una relación con el Dios vivo, descubres que Él te ama demasiado para permitirte permanecer en tu pecado. Él te ama demasiado para permitirte permanecer en el barro donde estás. Él te ama demasiado para permitirte huir de las consecuencias de los errores del pasado cuando Él quiere redimirlos.

No es que Dios no esté dispuesto a aceptarte justo donde estás, porque lo está absolutamente. Sin embargo, Él quiere más para ti de lo que puedes ver al principio. Tu Creador quiere que prosperes abundantemente, que crezcas y florezcas para dar vida a todo lo que Él ha puesto dentro de ti. Sin embargo, permíteme recordarte tu parte en este proceso: para que Dios complete su milagro en tu desorden, tienes que invitarlo a entrar en cada área de tu vida. Tienes que estar dispuesto a levantarte, agarrar la estera en la que has estado acostado y empezar a caminar. Tienes que estar dispuesto a dejar tu viejo yo atrás. Esta salida parece más fácil de hacer que de completar. La mayoría de nosotros gravita hacia lo que es familiar y cómodo. Mientras Dios nos permita permanecer dentro de nuestra zona de confort, no tenemos problema en permanecer fieles y obedientes. Sin embargo, cuando el Señor nos llama a un nuevo territorio, nuestra inquietud a menudo nos hace dudar. Tememos a lo desconocido porque nuestra imaginación empieza a trabajar en exceso para imaginar los peores escenarios. En lugar de confiar en Dios y dar un paso adelante, a menudo nos quedamos atascados.

Sabemos que no podemos volver atrás, pero nuestro miedo nos impide avanzar. Piensa en el valor que necesitaron dos mujeres para dejar el lugar que conocían como su hogar y aventurarse a cruzar fronteras desconocidas. Una de ellas, Noemí, lo había perdido todo y a todos sus seres queridos. Ella y su marido, Elimelec, habían abandonado su ciudad natal de Belén muchos años antes debido a la grave hambruna y a la disminución del suministro de alimentos. Se establecieron en Moab, donde criaron a dos hijos, Mahlón y Quelión. Después de que Elimelec murió, estos hijos maduraron hasta la edad adulta y se casaron con mujeres del lugar (ver Rut 1:1-3).

Entonces, unos diez años después, ocurrió lo impensable, inimaginable e insoportable. Los dos hijos mayores de Noemí murieron. No se nos dice cómo ni cuándo ni qué pasó. No sabemos si murieron juntos o por separado. Sin embargo, podemos imaginar el dolor, la angustia, el miedo y la ansiedad que experimentaron sus seres queridos.

Noemí había perdido a toda su familia inmediata, a su marido y a sus hijos, lo que en la cultura patriarcal de su tiempo significaba perder al sostén de su familia. Al oír que la cosecha era abundante en su tierra natal, Noemí decidió abandonar Moab. Sus dos nueras, Orfa y Rut, insistieron en ir con ella. Pero en una refutación lógica que enorgullecería al Sr. Spock, Noemí dijo:

«¿Por qué habrían de continuar conmigo? ¿Acaso puedo tener más hijos que crezcan y sean sus esposos? No, hijas mías, regresen a la casa de sus padres, porque ya soy demasiado vieja para volverme a casar. Aunque fuera posible, y me casara esta misma noche y tuviera hijos varones, entonces, ¿qué? ¿Esperarían ustedes hasta que ellos crecieran y se negarían a casarse con algún otro? ¡Por supuesto que no, hijas mías! La situación es mucho más amarga para mí que para ustedes, porque el SEÑOR mismo ha levantado su puño contra mí».

Rut 1:11-13

Desde una perspectiva humana, el argumento de Noemí tiene sentido. Es la lógica de la pérdida. Es demasiado vieja para casarse de nuevo y tener más hijos. E incluso si por algún milagro eso ocurriera, estas dos mujeres más jóvenes se verían obligadas a esperar demasiados años por algún hijo de Noemí. No, deberían quedarse en su propia tierra, Moab, y esperar nuevos maridos allí.

Sin embargo, lo sorprendente del argumento de Noemí es su conclusión. «Yo estoy mucho peor que ustedes porque Dios se ha ido en contra mía», dijo básicamente. En otras palabras, ustedes, las dos mujeres más jóvenes, aunque también son viudas como yo, tienen más opciones, mientras que a mí Dios me ha dejado sin nada.

Orfa accedió a la lógica de su suegra y se quedó en Moab. Rut, sin embargo, prometió su amor y lealtad a Noemí y se negó a abandonarla. Al parecer, esta respuesta dejó a la mujer mayor sin palabras, y las dos continuaron su viaje. Sin embargo, a pesar de la devoción de Rut, Noemí se aferró a su mentalidad de víctima después de llegar a Belén.

—No me llamen Noemí —contestó ella—. Más bien llámenme Mara, porque el Todopoderoso me ha hecho la vida muy amarga. Me fui llena, pero el SEÑOR me ha traído vacía a casa. ¿Por qué llamarme Noemí cuando el SEÑOR me ha hecho sufrir y el Todopoderoso ha enviado semejante tragedia sobre mí?

Rut 1:20-21

En lugar de confiar en Dios en su valle de sombras, Noemí se amargó. Tan amargada que creyó falsamente que Dios la había abandonado.

Amargada o bendecida

Cuando la vida parece derrumbarse y nos deja tambaleando, a menudo hacemos lo mismo que hizo Noemí. Centramos nuestra identidad en lo que nos ha sucedido y culpamos a Dios por permitir unas circunstancias tan dolorosas. Noemí llegó a ponerse un nombre que se ajustara a lo que sentía que había llegado a ser tras tanta pérdida y dolor. Puede que no lo admitamos ante los demás, pero a menudo hacemos lo mismo.

Puede que te guardes tu amargura para ti mismo, pero tu identidad no es un secreto para los demás. Tal vez estés resentido porque alguien menos cualificado consiguió el trabajo que tú merecías. Puede que seas un padre soltero y culpes de todo lo que ocurre a tu divorcio y al cónyuge que ya no está. O puede que tus padres reciban la mayor parte de tu culpa debido a la disfunción traumática de tu hogar cuando estabas creciendo.

Dependiendo de las luchas a las que te enfrentes, puede que hayas cambiado tu nombre por el de *Adicto* o *Ladrón*. Puede que consideres que tu identidad es *Farsante* o *Hipócrita*, o quizá *Tramposo* o *Engañador*. Tus circunstancias pueden hacer que te identifiques como *Siempre solo* o *Imperdonable*.

Pero esta etiqueta por defecto no es lo que realmente eres, por supuesto. El enemigo intentará seguir susurrándotelo al oído y sacando a relucir tus pérdidas y errores del pasado. Sin embargo, no importa lo que diga, tu pasado ya no te define. Dios promete que nunca te abandonará ni te desamparará, amigo mío. Solo te pide que sigas confiando en Él incluso cuando te sientas tan amargado como Noemí y tan ciego como el hombre que Jesús encontró cerca del templo.

Este tipo de fe requiere paciencia y perseverancia. La historia de Noemí, como sabrás, no terminó con ella siendo una anciana amargada en Belén. Gracias a Rut, Noemí participó en el descubrimiento milagroso de lo que Dios siempre quiso que fuera. Con el apoyo y el consejo de Noemí, Rut conoció y confió en un hombre del lugar llamado Booz. Su relación desembocó en un matrimonio y en un hijo, que llegó a ser el abuelo del rey David, el antepasado de Jesús.

Entonces las mujeres del pueblo le dijeron a Noemí: «¡Alabado sea el SEÑOR, que te ha dado ahora un redentor para tu familia! Que este niño sea famoso en Israel. Que él restaure tu juventud y te cuide en tu vejez. ¡Pues es el hijo de tu nuera que te ama y que te ha tratado mejor que siete hijos!». Entonces Noemí tomó al niño, lo abrazó contra su pecho y cuidó de él como si fuera su propio hijo. Las vecinas decían: «¡Por fin ahora Noemí tiene nuevamente un hijo!». Y le pusieron por nombre Obed. Él llegó a ser el padre de Isaí y abuelo de David.

Rut 4:14-17

Noemí decía que su identidad era amarga, ¡pero Dios dijo que era bendita!

No hay que reírse

Antes de que su perspectiva cambiara, Noemí luchó por dejar atrás su antigua identidad de víctima. Se dio cuenta de que Dios tenía un plan desde el principio, uno que simplemente no había sido capaz de ver antes porque su visión se había centrado en lo horizontal en lugar de lo vertical. A medida que el plan de Dios para ella, y para Rut y Booz, se desarrollaba, Noemí abrió sus ojos a la bondad del Señor.

A veces, cuando aprendemos a ver espiritualmente y dejamos atrás la ceguera de nuestro viejo yo, también vemos más claramente quiénes somos. En varias ocasiones en la Biblia, los individuos que experimentaron a Dios recibieron un nuevo nombre para enfatizar la distinción entre lo que solían ser y lo que eran ahora a los ojos de Dios. Dios le dijo a Abram, que en ese momento tenía casi cien años:

«Este es mi pacto contigo: ¡te haré el padre de una multitud de naciones! Además, cambiaré tu nombre. Ya no será Abram, sino que te llamarás Abraham, porque serás el padre de muchas naciones».

Génesis 17:4-5

La diferencia entre los nombres Abram y Abraham es sutil pero significativa. El nombre *Abram* significa «padre exaltado»[1], mientras que *Abraham* significa «padre de muchas naciones» (ver Génesis 17:5). Tal como yo lo veo, este cambio va de lo general a lo específico, revelando el nombre único, dado por Dios, que refleja lo que Abraham fue creado para ser.

Dirigirse a alguien como *padre exaltado* podría aplicarse a cualquier hombre mayor, independientemente de que tuviera o no hijos. Por otro lado, *padre de muchas naciones* indica que este hombre es el patriarca original de innumerables generaciones en todo el mundo. Este hombre no solo tiene hijos, sino que tiene nietos y más tataranietos de los que se pueden contar.

Lo que me encanta del nuevo nombre de Abraham es que inmediatamente surgió un problema: él y su esposa —cuyo nombre antes era Sarai pero Dios lo cambió a Sara— no tenían hijos biológicos. ¿Cómo podía ser el padre de muchas naciones si no tenía hijos con su esposa? Dios le dijo a Abraham: «Sara, tu mujer, te dará a luz un hijo. Le pondrás el nombre de Isaac, y yo confirmaré mi pacto con él y con su descendencia como un pacto eterno» (Génesis 17:19).

De hecho, cuando Sara escuchó esta noticia, se rio porque parecía tan inverosímilmente escandalosa. Temiendo que su risa delatara su falta de confianza en que Dios les daría un hijo, Sara negó haberse reído. Pero el Señor lo sabía y le aseguró: «¿Existe algo demasiado difícil para el SEÑOR?» (Génesis 18:14).

Permitir que Dios produzca un milagro en tu desorden puede parecer imposible, ¡pero nada es demasiado difícil para el Señor nuestro Dios! *La forma de ver el poder de Dios en tu vida no es un asunto de risa.* Porque, como aprendieron Sara y Abraham, Dios siempre cumple sus promesas. La pareja concibió y tuvo un hijo llamado Isaac, que significa «risa». Más tarde, Isaac tuvo dos hijos gemelos, Esaú y Jacob, y al igual que su abuelo Abraham, Jacob pasó de su antigua identidad a una nueva otorgada por Dios: Israel (ver Génesis 32:28).

A pesar de los obstáculos a su fe, tanto Abraham como Israel aprendieron a dejar de lado cómo se veían a sí mismos. En cambio, comenzaron a abrazar lo que Dios decía que eran. Dejaron de mirar hacia atrás y abrieron los ojos al destino divino que les esperaba. Si queremos experimentar lo que Dios nos hizo ser, entonces nosotros también debemos completar este mismo cambio de perspectiva.

El nuevo tú

Hay dos «tú»: el viejo tú y el nuevo tú.

El viejo tú habla del tú roto, del tú caído, del tú pecador, del tú carnal, del tú deprimido, del tú maldito, del tú estéril, del tú víctima y del tú muerto. El viejo tú también refleja el tú que sobrevivió pero nunca prosperó, el tú que fue tocado pero no fue transformado, el tú que vio la espalda de Dios pero no su rostro, el que salió de Egipto pero se quedó atascado en el desierto. Este es el tú que creció con la religión pero nunca creció en la relación, el que salió del infierno pero nunca trajo verdaderamente el cielo a la tierra.

PERMITIR QUE DIOS PRODUZCA UN MILAGRO EN TU DESORDEN PUEDE PARECER IMPOSIBLE, ¡PERO NADA ES DEMASIADO DIFÍCIL PARA EL SEÑOR NUESTRO DIOS!

Sin embargo, el nuevo tú sabe quién es realmente. El nuevo tú le habla al tú salvado, al tú liberado, al tú sanado, al tú bautizado, al tú comprado, al tú bendecido, al tú perdonado, al tú libre, al tú favorecido, al tú ungido. El nuevo tú es el lavado con sangre, redimido por Cristo, basado en la Biblia, lleno del Espíritu, abrazado por el Padre, reprendiendo al diablo, atando al demonio, imponiendo las manos y persiguiendo la justicia.

El nuevo tú no es otro que el tú elegido, el tú profético, el tú conquistador, el tú gobernante, el tú reinante, el tú que cambia la vida, el tú próspero y el tú glorioso. Esto es lo que es verdad acerca de ti. El viejo tú está muerto. El viejo tú está enterrado. El viejo tú nunca volverá. Ahora mismo, quiero que leas esto en voz alta: ¡No soy quien solía ser! El viejo yo está muerto. El viejo yo está enterrado. El viejo yo se ha ido.

En Jesús, a través de Jesús, con Jesús y gracias a Jesús, *¡el nuevo yo está vivo y bien!*

Si el antiguo camino, que trae condenación, era glorioso, ¡cuánto más glorioso es el nuevo camino, que nos hace justos ante Dios! De hecho, aquella primera gloria no era para nada gloriosa comparada con la gloria sobreabundante del nuevo camino.

2 Corintios 3:9-10

Noemí y Rut, Abraham e Israel no son los únicos hombres y mujeres que vemos en las Escrituras que experimentaron tanto lo viejo como lo nuevo. El viejo Moisés murió en el desierto de la decepción. El nuevo Moisés se levantó en la cima del monte de la transfiguración. El viejo Pedro cayó en el agua y luego negó a Jesús tres veces, pero el nuevo Pedro salió de una habitación superior, se levantó, comenzó a profetizar y cambió el mundo. El viejo Saulo persiguió a los que seguían a Jesucristo. El nuevo Pablo predicaba el Evangelio de Jesucristo a todo el mundo.

Al igual que ellos, tú ya no eres lo que eras antes. Mientras el viejo tú miraba la promesa, el nuevo tú la poseerá. Mientras el viejo tú se quejaba, el nuevo tú conquistará. Mientras el viejo tú hablaba de la gloria, ¡el nuevo tú verá la gloria! Por eso no oras como el viejo tú. No alabas como el viejo tú. No hablas como el viejo tú. No tratas a los demás como el viejo tú. Es un nuevo día y una nueva estación con una nueva canción. Dios dice: «Pues estoy a punto de hacer algo nuevo. ¡Mira, ya he comenzado! ¿No lo ves?» (Isaías 43:19).

Dios dice: «Todo el que pertenece a Cristo se ha convertido en una persona nueva. La vida antigua ha pasado; ¡una nueva vida ha comenzado!» (2 Corintios 5:17).

Dios dice: «Y estoy seguro de que Dios, quien comenzó la buena obra en ustedes, la continuará hasta que quede completamente terminada el día que Cristo Jesús vuelva» (Filipenses 1:6).

Tu nueva identidad en Cristo no es un secreto.

¡Abre tus ojos al poder de quien Dios te ha hecho ser!

—————— ABRE TUS OJOS ——————

A menudo luchamos por vernos claramente como una nueva criatura en Cristo porque seguimos centrándonos en nuestro pasado en lugar de nuestro futuro. Así como el ciego de nacimiento que experimentó el milagro del barro de Jesús, debes estar dispuesto a obedecer y lavar las impurezas que están impidiendo tu visión. Así como el cojo sanado por Cristo cerca del estanque de Betesda, debes estar dispuesto a levantarte, agarrar tu esterilla y dar un paso adelante. Al igual que los gigantes de la fe que encontramos en las Escrituras —Abraham, Israel, Rut y Noemí—, debes estar dispuesto a desprenderte del viejo tú para descubrir el nuevo tú.

Utiliza estas preguntas y la oración inicial que aparece a continuación para ayudarte a ver con claridad mientras abres los ojos a la realidad de quién eres en Cristo.

1. ¿Cuáles son las etiquetas y los nombres que asocias con tu antiguo yo? ¿Cómo siguen obstruyendo tu visión de quién eres en Cristo?

2. ¿Cuándo te has amargado porque no has visto lo que Dios estaba haciendo en medio de circunstancias dolorosas? ¿Cómo has visto la fidelidad de Dios incluso en esos momentos?

3. ¿Cómo has cambiado desde que recibiste a Jesús en tu vida? ¿Cómo te ayuda el centrarte en tu nueva identidad en Cristo a experimentar más el poder de Dios a través del Espíritu Santo?

Querido Señor, gracias por el nuevo yo, el yo que estás transformando a la imagen de tu Hijo, Jesús. Continúa abriendo mis ojos, Padre, para que pueda centrarme en dónde me estás guiando y no en lo que he tropezado en el pasado. Dame fuerza para salir de la zona de confort de quien solía ser para caminar con valentía hacia el glorioso futuro de quien soy en Cristo. Te doy las gracias y te alabo porque nada es demasiado difícil para ti. A través del poder de tu Espíritu en mí, sé que soy más que un conquistador. En el nombre de Jesús, Amén.

Punto de vista

Abre tus ojos a la eternidad

No puedes abrazar lo que Dios tiene para ti hasta que aceptes primero lo que Dios hizo por ti.

Una vez que ves por el poder del Espíritu de Dios, toda tu perspectiva cambia.

No soy una persona que se deje impresionar por las estrellas, pero tengo un inmenso respeto por las personas que sobresalen en sus campos.

Esto me lo recordaron hace poco, mientras estaba en Los Ángeles en reuniones sobre una oportunidad de producir una nueva película. Como productor ejecutivo de las películas de fe *Breakthrough* («*Un amor inquebrantable*») y *Flamin' Hot*, he disfrutado conociendo y aprendiendo de una amplia gama de profesionales de la industria.

No solo me sorprendió ver a un par de docenas de personas reunidas en una sala de conferencias para discutir las posibilidades de un proyecto, sino que también adquirí un mayor aprecio por las personas que están detrás de la historia del cine al pasear por el cercano Hollywood Boulevard. Durante casi quince manzanas, contemplé el Paseo de la Fama de Hollywood, y vi los nombres de las muchas celebridades conocidas a las que se rendía homenaje. Había actores emblemáticos del cine y de la televisión, directores y productores legendarios, presentadores de radio y artistas de la música. Cada uno de ellos era honrado con una estrella de latón incrustada en un cuadrado de terrazo, un material compuesto de piedras astilladas que estaba nivelado en la acera. Algunas pertenecían al cine mudo de principios del siglo XX, mientras que otras mostraban a las estrellas de la Edad de Oro y a sus visionarios directores. Las superestrellas de la música abarcaban también varias décadas, desde artistas de jazz y de grandes bandas hasta el pop, el soul, el R&B y, por supuesto, el *rock and roll*.

Obviamente, cada uno de ellos había aprovechado al máximo su talento y sus oportunidades para aportar su arte único al mundo. Después de investigar un poco en internet, descubrí que el Paseo de la Fama cuenta actualmente con más de 2700 estrellas y que cada año se añaden unas 30 nuevas. Al parecer, cualquiera puede proponer a alguien para que reciba una estrella al Comité del Paseo de la Fama, que luego obtiene la aprobación del Consejo de Administración de la Cámara de Comercio de Hollywood y del Departamento de Obras Públicas de la ciudad de Los Ángeles.[1]

Aunque se pueden presentar innumerables nombres, el Comité del Paseo de la Fama evalúa a los nominados en función de sus logros profesionales, su longevidad (deben llevar cinco años o más trabajando en su respectivo género), sus contribuciones a la comunidad y la garantía de que el receptor de la estrella, si es seleccionado, asistirá a su ceremonia de dedicación. Las estrellas póstumas también se conceden transcurridos cinco años desde el fallecimiento del nominado.[2] El Paseo de la Fama de Hollywood mantiene unos criterios estrictos para garantizar el nivel de excelencia de sus miembros.

Lo mismo ocurre con la mayoría de los salones de la fama. No todos los jugadores de fútbol americano acaban consagrados en Cantón, Ohio, en el Salón de la Fama del Fútbol Profesional. No todos los cantantes, guitarristas, artistas o grupos musicales acaban en el Salón de la Fama del *Rock and Roll* de Cleveland. Del mismo modo, se necesita algo más que un sonido vibrante o un guitarra *slide* para entrar en el Salón de la Fama de la Música Country de Nashville. Y hay que hacer algo más que montar a caballo para reclamar un puesto en el Salón de la Fama de las Vaqueras de Fort Worth, Texas. No, solo los mejores llegan a un salón de la fama, el repositorio que registra sus logros y preserva la historia de estos.

Sin embargo, no todos los salones de la fama requieren viajar y pagar la entrada. La Biblia está llena de miembros del salón de la fama de la fe que siguen inspirándonos hoy. Nos recuerdan que debemos apartar la vista de lo temporal y centrarnos en la eternidad.

Nos inspiran a mantener un punto de vista impulsado por el Espíritu.

Cree en tu benefactor

A lo largo de nuestra exploración del encuentro de Jesús con el hombre ciego de nacimiento, el catalizador esencial para experimentar un milagro en nuestro desorden es la fe. El ciego mostró su fe al permitir en silencio que un desconocido escupiera, mezclara barro en el suelo y aplicara este brebaje sobre sus ojos. Cuando Jesús le dijo a este hombre que fuera a lavarse al estanque de

Siloé, no hizo preguntas, ni se resistió a un método tan poco ortodoxo, ni huyó. No exigió una explicación, una justificación o una garantía. El hombre obedeció porque tenía una fe en Dios que era más grande que lo que podía o no podía ver.

Mientras seguía la ruta familiar hacia el estanque de Siloé en la oscuridad, este hombre debía ser todo un espectáculo. Conocido por toda la comunidad como un mendigo ciego, caminaba con una máscara de barro sobre sus ojos. No fue a un pozo cercano a lavarse la cara. No pidió agua a nadie en una palangana. Este hombre iba donde le indicaba el Hacedor de milagros, al estanque de Siloé, e hizo lo que se le había dicho.

Los resultados completaron el milagro que Jesús puso en marcha en presencia del hombre. Por primera vez en toda su vida, este hombre abrió los ojos y vio luces, imágenes, colores y texturas. Los rostros que antes solo reconocían como voces se enfocaron; también, el azul del cielo, el verde de los árboles y los colores de los tejidos que llevaban las mujeres en el mercado. Este hombre recibió el don de la vista que se le había concedido de forma inesperada, y reconoció el poder de Dios en acción incluso antes de conocer el nombre de Jesús.

Cuando Jesús le preguntó si creía en el Hijo del Hombre, el hombre respondió: «¿Quién es, señor? [...] Quiero creer en él». La forma en que Jesús reveló su identidad apeló a los sentidos del hombre. «"Ya lo has visto", dijo Jesús, "y está hablando contigo"». Que irónico que este hombre, que había sido ciego de nacimiento, pudiera ahora ver al benefactor de su bendición junto con escuchar la voz de Jesús. Ver y oír era evidencia más que suficiente porque el hombre no dudó en afirmar: «"¡Sí, Señor, creo!"» (Juan 9:35-38).

A la luz del milagro que este hombre experimentó, puso su fe en Cristo y luego lo adoró. Supo de primera mano que la persona que estaba ante él era el Hijo de Dios. Podríamos suponer que la fe le resultó más fácil debido al milagro que recibió, pero antes de hacer tal suposición, podríamos preguntarnos primero por qué seguimos vacilando en nuestra fe a pesar de los milagros que Dios sigue haciendo de nuestros desórdenes. No importa cuántas veces Dios haya provisto para nosotros en el pasado, seguimos siendo propensos a preocuparnos sobre si lo hará por nosotros en el presente y cuándo. Independientemente de los momentos milagrosos en los que el Espíritu Santo nos ha dado poder para perseverar, seguimos preguntándonos si podemos seguir adelante.

Por mucho que hayamos recibido, seguimos luchando por creer en nuestro Benefactor.

Bendecidos por creer

Es la misma racha de dudas que vemos en uno de los discípulos de Jesús después de la resurrección. A pesar de las señales, los prodigios y los milagros que Tomás había presenciado, a pesar de la relación personal que tenía con el Señor, después de que Jesús fue crucificado y enterrado, quería pruebas de su resurrección:

Tomás, uno de los doce discípulos (al que apodaban el Gemelo), no estaba con los otros cuando llegó Jesús. Ellos le contaron:

—¡Hemos visto al Señor!

Pero él respondió:

—No lo creeré a menos que vea las heridas de los clavos en sus manos, meta mis dedos en ellas y ponga mi mano dentro de la herida de su costado.

Ocho días después, los discípulos estaban juntos de nuevo, y esa vez Tomás se encontraba con ellos. Las puertas estaban bien cerradas; pero de pronto, igual que antes, Jesús estaba de pie en medio de ellos y dijo: «La paz sea con ustedes». Entonces le dijo a Tomás:

—Pon tu dedo aquí y mira mis manos; mete tu mano en la herida de mi costado. Ya no seas incrédulo. ¡Cree!

—¡Mi Señor y mi Dios! —exclamó Tomás.

Entonces Jesús le dijo:

—Tú crees porque me has visto; benditos son los que creen sin verme.

Juan 20:24-29

¿Oíste eso? Jesús dijo que somos bendecidos por creer. El hombre que acababa de ver, Tomás y muchos otros que se encontraron con Jesús en persona durante su estancia en la tierra pudieron experimentarlo por sí mismos. **SOMOS BENDECIDOS POR CREER.** Participaron de primera mano en milagros, en sanaciones y en momentos inimaginables de la demostración del poder espiritual de Cristo.

No hay nada malo en querer evidencia como base de tu fe, pero toda la evidencia del mundo no es un sustituto para confiar en Dios en cada área de tu vida. Está claro que no todos los que conocieron a Jesús en persona depositaron su fe en Él como Hijo de Dios. La fe trasciende la evidencia física y se basa en nuestra experiencia de lo espiritual. Como explica el apóstol Pablo, «La fe demuestra la realidad de lo que esperamos; es la evidencia de las cosas que no podemos ver» (Hebreos 11:1).

Partiendo de esa sencilla y brillante definición de la fe, Pablo nos introduce en el Salón de la Fama de la Fe y nos señala los objetos expuestos mejor que cualquier docente o guía turístico. «Por su fe, la gente de antaño se ganó una buena reputación. Por la fe entendemos que todo el universo fue formado por orden de Dios, de modo que lo que ahora vemos no vino de cosas visibles» (Hebreos 11:2-3).

A partir de ahí, Pablo comienza con Abel y su ofrenda agradable a Dios. Luego nos conduce cronológicamente a través de un Quién es Quién en el Antiguo Testamento. El siguiente es Enoc, que se destaca por haber sido recogido por Dios en lugar de morir porque Enoc agradó a Dios. Este miembro del salón de la fama nos recuerda que «de hecho, sin fe es imposible agradar a Dios. Todo el que desee acercarse a Dios debe creer que él existe y que él recompensa a los que lo buscan con sinceridad» (Hebreos 11:6).

Detengámonos un momento aquí antes de continuar nuestro recorrido. Es imposible agradar a Dios sin fe. Si quieres llegar a Dios, debes creer que Él existe. Debes creer que Él recompensa a los que lo buscan sinceramente.

¿Crees?

Una patria celestial

Después de Enoc, pasamos a Noé (ver el versículo 7) antes de tomar en cuenta la enorme fe mostrada por Abraham (ver los versículos 8-10) y su esposa, Sara (ver los versículos 11-12). Estos pilares de la fe son aún más notables debido a lo que *no vieron* ellos: el plan de Dios completado a través de la muerte y resurrección de su Hijo, Jesucristo:

Todas estas personas murieron aún creyendo lo que Dios les había prometido. Y aunque no recibieron lo prometido, lo vieron desde lejos y lo aceptaron con gusto. Coincidieron en que eran extranjeros y nómadas aquí en este mundo. Es obvio que

quienes se expresan así esperan tener su propio país. Si hubieran
añorado el país del que salieron, bien podrían haber regresado.
Sin embargo, buscaban un lugar mejor, una patria celestial. Por
eso, Dios no se avergüenza de ser llamado el Dios de ellos, pues
les ha preparado una ciudad.

Hebreos 11:13-16

Observa que estos practicantes de la fe no consideraban los
destinos terrenales como su hogar. En cambio, permanecieron
fieles como extranjeros y nómadas en un viaje espiritual, y no en
la búsqueda física de la comodidad, la riqueza y la conveniencia.
Si se hubieran centrado en estos objetivos terrenales, se habrían
alejado de Dios y habrían seguido su propio camino. Sin embargo,
querían más de lo que este mundo puede ofrecer. Querían estar
con Dios en su patria celestial.

A partir de esta exposición monumental, llegamos al hijo
de Abraham y Sara, Isaac, el padre de Jacob, el homónimo de
Dios conocido como Israel (ver Hebreos 11:20-21). José, el hijo
de Jacob, es reconocido por tener fe en que el pueblo de Dios
saldría de Egipto (ver el versículo 22), lo que nos lleva directamente a Moisés, el líder que Dios eligió para enfrentarse al
Faraón y guiar a los israelitas fuera de la esclavitud, a través
del mar Rojo, y hacia la libertad de la Tierra Prometida (ver los
versículos 23-28).

El pueblo de Israel es elogiado por su fe al seguir a Moisés,
por no retroceder cuando se vio acorralado frente al mar Rojo, y
por marchar alrededor de Jericó durante siete días hasta que sus
muros se derrumbaron (ver versículos 29-30). Rahab, conocida
por su profesión de prostituta en Jericó, se destaca por confiar
en el Dios de los extranjeros que estaban a punto de conquistar
su patria en lugar de ir a lo seguro (ver el versículo 31).

Tras resumir los grandes éxitos del pueblo de Israel, Pablo reconoce la imposibilidad de mostrarnos todas las exhibiciones de los héroes de la fe: «¿Cuánto más les tengo que decir? Se necesitaría demasiado tiempo para contarles acerca de la fe de Gedeón, Barac, Sansón, Jefté, David, Samuel y todos los profetas» (Hebreos 11:32). Así que, en lugar de describir más individuos y sus opciones de fe, Pablo resume los patrones de poder de Dios que ve a lo largo de la historia hebrea:

Por la fe esas personas conquistaron reinos, gobernaron con jus-ticia y recibieron lo que Dios les había prometido. Cerraron bocas de leones, apagaron llamas de fuego y escaparon de morir a filo de espada. Su debilidad se convirtió en fortaleza. Llegaron a ser poderosos en batalla e hicieron huir a ejércitos enteros. Hubo mujeres que recibieron otra vez con vida a sus seres queridos que habían muerto.

Sin embargo, otros fueron torturados, porque rechazaron negar a Dios a cambio de la libertad. Ellos pusieron su esperanza en una vida mejor que viene después de la resurrección. Algunos fueron ridiculizados y sus espaldas fueron laceradas con látigos; otros fueron encadenados en prisiones. Algunos murieron ape-dreados, a otros los cortaron por la mitad con una sierra y a otros los mataron a espada. Algunos anduvieron vestidos con pieles de ovejas y cabras, desposeídos y oprimidos y maltratados. Este mundo no era digno de ellos. Vagaron por desiertos y montañas, se escondieron en cuevas y hoyos de la tierra. Debido a su fe, todas esas personas gozaron de una buena reputación, aunque ninguno recibió todo lo que Dios le había prometido. Pues Dios tenía preparado algo mejor para nosotros, de modo que ellos no llegaran a la perfección sin nosotros.

Hebreos 11:33-40

Observa que Pablo vuelve a enfatizar que «este mundo no era digno» de estos gigantes de la fe porque mantuvieron sus ojos enfocados en Dios y confiaron en que Él guiaría sus pasos. Su fe resultó en su buena reputación como gente de Dios. Sin embargo, también sirven como ejemplos de cómo Dios elige trabajar no a través de quien parece talentoso, excepcional, dotado o ambicioso según los estándares terrenales. Dios elige trabajar a través de personas quebrantadas que están dispuestas a confiar en Él.

A Dios le atraen las circunstancias imposibles. Muéstrale un vientre estéril, una puerta cerrada, un sueño destrozado, un camino bloqueado, una ciudad fortificada, una tumba sellada, un hombre ciego de nacimiento y prepárate para que Él aparezca.

Sin nombre pero no desconocido

Aunque no se nos dice el nombre del ciego, pertenece al Salón de la Fama de la Fe junto a los que sí figuran en la lista. De hecho, seguramente hay un ala entera en este salón de la fama de la fe para las personas que no tienen nombre, pero que no son insignificantes. Puede que no los conozcamos por sus nombres, pero seguro que los recordamos por su fe, por los riesgos que asumieron, por el valor que demostraron o por la forma en que confiaron en Dios.

DIOS ELIGE TRABAJAR A TRAVÉS DE PERSONAS QUEBRANTADAS QUE ESTÁN DISPUESTAS A CONFIAR EN ÉL.

Nuestro antiguo ciego estaría allí junto al cojo que Jesús sanó junto al estanque de Betesda (ver Juan 5:1-16). Seguramente la mujer con el flujo de sangre también merece nuestra atención por su fe (ver Marcos 5:25-34). Durante doce largos años sufrió hemorragias constantes, vio a muchos médicos y perdió todo su dinero pagando por ellos. En lugar de mejorarla, los tratamientos que recibía la hacían empeorar. Sin embargo, había oído hablar de Jesús y, como último recurso, pensó: «Si tan solo tocara su túnica, quedaré sana» (Marcos 5:28).

Cuando sus dedos rozaron el borde del manto de Cristo, esta mujer experimentó una sanación instantánea en todo su cuerpo cansado. Jesús supo inmediatamente que alguien había recurrido a su poder curativo, pero con tanta gente aglomerada a su alrededor, tardó un momento en descubrirla. Cuando los ojos de esta mujer se encontraron con los de su Sanador, cayó ante Él temblando y reconoció lo que acababa de suceder. Mientras que cualquier otra persona podría haberse molestado o enojado, Jesús respondió con compasión y amabilidad: «Hija, tu fe te ha sanado. Ve en paz. Se acabó tu sufrimiento» (Marcos 5:34).

Junto a esta mujer, en el Salón de la Fama de la Fe de las exposiciones sin nombre, podríamos encontrar a la mujer cananea que persistió con Jesús con una determinación similar (ver Mateo 15:21-28). Esta mujer era una gentil, alguien de una cultura considerada impura por los judíos. Su hija había sido poseída por un demonio y había sufrido terriblemente por esa maligna aflicción. Cuando se acercó a Jesús y le suplicó misericordia para su hija, Él la ignoró al principio. Entonces los discípulos, molestos por sus ruegos, instaron a su Maestro a que la despidiera.

En lugar de echarla, Jesús le explicó a la mujer que su prioridad eran las ovejas perdidas de Israel. Sin embargo, su determinación no vaciló, se arrodilló ante Jesús y gritó: «¡Señor, ayúdame!». Cuando Cristo continuó explicándole su misión, la humilde petición de misericordia de la mujer lo conmovió:

Jesús le respondió:

—No está bien tomar la comida de los hijos y arrojár-
sela a los perros.

—Es verdad, Señor —respondió la mujer—, pero hasta
a los perros se les permite comer las sobras que caen bajo la
mesa de sus amos.

—Apreciada mujer —le dijo Jesús—, tu fe es grande. Se te
concede lo que pides.

Mateo 15:26-28

Junto a estas mujeres de fe, podríamos encontrar también a la samaritana del pozo (ver Juan 4:1-42) y a la mujer
sorprendida en el adulterio (ver Juan 8:1-11), que hemos considerado en capítulos anteriores. También podríamos ver a
la pobre viuda alabada por Jesús por su ofrenda de sacrificio
(ver Lucas 21:1-4) y al niño que renunció gustosamente a su
almuerzo de panes y peces para que Jesús pudiera dar de comer
a más de cinco mil personas hambrientas (ver Juan 6:1-14).
Estas personas pusieron su confianza en el Señor y experimentaron su milagro que se hizo del desorden en medio
de ellos.

Otro beneficiario se encontró con Jesús solo brevemente
durante los últimos momentos de la vida de ambos. Durante las
agonizantes horas finales mientras Cristo sufría en la cruz, otros
dos hombres también experimentaban un castigo similar. Sin
embargo, como podemos ver, cada uno de ellos tuvo respuestas
muy diferentes al Hijo de Dios entre ellos:

Uno de los criminales colgados junto a él se burló: «¿Así que
eres el Mesías? Demuéstralo salvándote a ti mismo, ¡y a nosotros
también!».

Pero el otro criminal protestó: «¿Ni siquiera temes a Dios ahora que estás condenado a muerte? Nosotros merecemos morir por nuestros crímenes, pero este hombre no ha hecho nada malo». Luego dijo:

—Jesús, acuérdate de mí cuando vengas en tu reino.

Jesús respondió:

—Te aseguro que hoy estarás conmigo en el paraíso.

Lucas 23:39-43

Puede que estas personas no sean tan conocidas como otras cuyas vidas se relatan con mayor detalle, pero sus demostraciones de fe destacan igualmente. Junto con sus homólogos nombrados por Pablo en Hebreos 11 y muchos otros mencionados en las Escrituras, comparten un divino denominador común. Comparten la voluntad de ver más allá de lo que sus ojos vislumbraban en el mundo físico que los rodeaba y la determinación de abrir los ojos a la eternidad. Podrían haber aceptado las limitaciones impuestas por sus discapacidades, desventajas y perjuicios, pero se negaron. En lugar de ello, optaron por depositar su confianza en el Dios vivo. A cambio, experimentaron una transformación eterna.

Tú tienes una opción similar, amigo mío. Aunque tus circunstancias pueden variar o tus limitaciones pueden parecer más debilitantes que las que se encuentran en el Salón de la Fama de la Fe, te aseguro con la verdad de la Palabra de Dios que no hay nada nuevo bajo el sol (ver Eclesiastés 1:9). Tú también puedes elegir tu punto de vista. Tus ojos pueden permanecer enfocados horizontalmente en el hoy, o los ojos de tu corazón pueden alinearse verticalmente con la perspectiva eterna de Dios.

¿Estás mirando hacia abajo o hacia arriba?

¿Estás mirando hacia los lados o hacia el cielo?

¿Miras a tu alrededor o más allá?
La dirección de tu visión determina tu enfoque.

Espacio negativo o fe positiva

Lo que ves espiritualmente es una cuestión de perspectiva tanto como la forma en que ves físicamente depende de tu punto de vista. Los fotógrafos y los artistas visuales saben que la perspectiva en su trabajo depende en gran parte de la posición de sus lentes y su extensión. La dimensionalidad depende de que se muestren la profundidad y la textura, con la nitidez de la claridad que pasa del fondo al primer plano.

Pero algunas imágenes están diseñadas para ilustrar la tensión dinámica y subjetiva de cómo las ven los espectadores. Probablemente hayas tenido ilusiones ópticas y visto rompecabezas tridimensionales que parecen cambiar entre diferentes imágenes ante tus ojos, un momento revelando una determinada imagen hasta que tu visión se adapta y asimilas otra. Un momento, ves un jarrón adornado que ocupa el primer plano de una imagen; al siguiente, tu visión cambia y vislumbra los perfiles de dos personas que se miran. El cambio depende de cómo interpretes el espacio negativo, el espacio vacío que rodea y se interpone entre los sujetos que eliges enfocar.

La forma en que vives tu fe funciona de forma muy parecida. Puedes experimentar tu vida basándote en los datos sensoriales recogidos y cotejados por tus facultades humanas. Muchas personas lo hacen. Confían en su intelecto para procesar y proceder basándose en lo que ven, oyen, huelen, saborean y tocan. Si no pueden verlo, oírlo o sentirlo, entonces creen falsamente que no existe. Vivir con este tipo de visión es permanecer inmóvil, unidimensional y fijado en el espacio negativo. Sin la esperanza de Cristo, sin el amor del Padre y sin el poder del Espíritu Santo, no hay un milagro desordenado; solo hay un desorden.

O puedes cambiar tu visión del espacio negativo a la fe positiva y experimentar tu vida basada en tu relación con el Santo y Todopoderoso Dios Viviente a través del regalo de su Hijo, Jesús, y el poder de su Espíritu Santo. Puedes vivir como los santos de las Escrituras, aquellos pioneros de la fe con nombre y sin nombre, que eligieron confiar en Dios más que en sus sentidos humanos. Como el ciego de nacimiento que sintió que el Hijo de Dios le ponía barro en la cara para que recibiera el don de la vista, puedes experimentar la alegría sin precedentes de un milagro desordenado.

Todo ser humano se encontrará inevitablemente con el dolor, el sufrimiento y la angustia: física, emocional y psicológica. Pero permitir o no que los sucesos dolorosos de su vida y las pérdidas graves los cieguen a la realidad espiritual de Cristo es su elección. La Palabra de Dios nos recuerda: «Pues nuestras dificultades actuales son pequeñas y no durarán mucho tiempo. Sin embargo, ¡nos producen una gloria que durará para siempre y que es de mucho más peso que las dificultades! Así que no miramos las dificultades que ahora vemos; en cambio, fijamos nuestra vista en cosas que no pueden verse. Pues las cosas que ahora podemos ver pronto se habrán ido, pero las cosas que no podemos ver permanecerán para siempre» (2 Corintios 4:17-18).

Entonces, ¿en qué vas a fijar tus ojos?

¿En lo que se ve y es temporal?

¿O en lo que no se ve y es eterno?

Únete al coro

Si quieres vivir por la fe y abrir tus ojos a la eternidad, entonces debes reconocer quién eres en Cristo. Siguiendo su ejemplo, miramos a los demás con preocupación, compasión y bondad. Vemos más allá de los problemas momentáneos y nos centramos en las soluciones eternas. Vemos a través de las artimañas del diablo y fijamos nuestros ojos en el Autor y Consumador de nuestra fe. Reconocemos nuestro propio pecado y recibimos el perdón y la gracia de Dios. Cuando abrimos los ojos a la eternidad, nos damos cuenta de que formamos parte de una causa mucho más grande que nosotros mismos. Como los miembros del Salón de la Fama de la Fe, sabes que la tierra no es tu hogar y que sus placeres no son tu meta. Cuando vives por la fe espiritual y no por la vista física, descubres que amar, complacer y servir a Dios es todo lo que deseas.

Ahora ustedes se acercan a Cristo, quien es la piedra viva principal del templo de Dios. La gente lo rechazó, pero Dios lo eligió para darle gran honra. Y ustedes son las piedras vivas con las cuales Dios edifica su templo espiritual. Además, son sacerdotes santos. Por la mediación de Jesucristo, ustedes ofrecen sacrificios espirituales que agradan a Dios.

1 Pedro 2:4-5

ERES SANTO NO POR LO QUE HACES, SINO POR LO QUE CRISTO ES.

Eres santo no por lo que ven tus ojos, sino por lo que ve tu corazón. Eres santo no por lo que haces, sino por lo que Cristo es. Eres santo no por tus acciones, sino por la presencia del Espíritu. Dios está construyendo algo en tu vida que impulsará a todos a darle la gloria porque Él utiliza a personas imperfectas para avanzar en su agenda perfecta y a personas rotas para sanar al mundo.

A través de ti, la gloria de Dios brillará en todo lo que digas y hagas. Tus amigos le darán la gloria a Dios. Tu familia le dará la gloria. Incluso tus enemigos le darán la gloria a Dios. Tendrán que reconocer que solo Dios pudo haber hecho los desordenados milagros que presencian en tu vida. Piedra a piedra, día a día, minuto a minuto y segundo a segundo, Dios te está edificando. Uniéndote al coro de tus predecesores llenos de fe, proclamas:

Todo lo que me pongas adelante, me encargaré de ello.
Si me pones un muro adelante, lo derribaré a gritos.
Si me pones un gigante adelante, lo derribaré a pedradas.
Si me pones una montaña adelante, la moveré.
Si me pones un río adelante, lo cruzaré.
Si me odias, te amaré.
Maldíceme y te bendeciré.
Mátame y me levantaré de nuevo.
Rómpeme y me sanaré.
Porque tengo el poder del Dios vivo actuando en mi vida.

Ocupa tu lugar

O tal vez te cuesta compartir este himno. Tal vez, como el hombre que una vez fue ciego, quieres creer, pero te preguntas dónde está Jesús. Tal vez anhelas abrir los ojos a la eternidad, pero solo ves la urgencia de hoy. Quieres ocupar algún día tu lugar en el Salón de la Fama de la Fe, pero ¿cómo?

Hay cosas que construiste en el pasado que fracasaron. Hay relaciones, carreras, ministerios y sueños que construiste que se derrumbaron. Pero en esa temporada no construiste por la fe, sino por la vista.

Construiste con base en la emoción.
Construiste con las personas equivocadas en tu vida.
Construiste con la religión pero no con la relación.
Construiste con tus planes pero no con los de Él.
Construiste con miedo y no con fe.
Construiste con la duda y no con el destino.
Construiste con barro y no con milagros.

Por eso se vino abajo. Por eso se derrumbó en pedazos. Pero aquí está la buena noticia: *¡esta vez no!* Escucha lo que dice Jesús:

> «Todo el que escucha mi enseñanza y la sigue es sabio, como la persona que construye su casa sobre una roca sólida. Aunque llueva a cántaros y suban las aguas de la inundación y los vientos golpeen contra esa casa, no se vendrá abajo porque está construida sobre un lecho de roca».
>
> Mateo 7:24-25

Esta vez vas a construir sobre la Roca, Jesucristo, y no va a fallar; no puede fallar. Ahora mismo, estás abriendo los ojos y viendo a Dios moverse como nunca antes. Ahora mismo, estás abriendo tus ojos y experimentando tu milagro desordenado. Ahora mismo, puedes hacer todas las cosas a través de Cristo que te fortalece.

Si no puedes verlo ahora, pronto lo verás. Así que estate atento a las señales que el Espíritu está obrando en ti. Sigue buscando para darte cuenta cuando las circunstancias no tengan un impacto en tu paz y alegría, sino que tu paz y alegría tengan un impacto en tus circunstancias.

Cuando aprendes a bailar en el desierto y a cantar en la tormenta.

Cuando lo que Dios dice de ti es más importante que lo que la gente dice de ti.

Cuando el carácter es más importante que la reputación.

Cuando las acciones hablan más que las palabras.

Cuando aprendes que lo que no puedes quitarte de encima, Dios lo lava.

Cuando crees como Abraham, caminas como Enoc, conquistas como Josué, oras como Daniel, tocas como Ester, gritas como Bartimeo, escalas como Zaqueo, brillas como Esteban y vives como Jesús.

Cuando una vida centrada en Cristo, basada en la Biblia y con el poder del Espíritu es la mejor vida de todas.

Si estás luchando por ver con claridad, recuerda que la percepción no es la realidad. Puede parecer que el enemigo está ganando. Puede parecer que el problema tiene la ventaja. Pero cuando todo está dicho y hecho, lo que parecía su mayor derrota en realidad surgirá como su mayor victoria.

La gracia de Dios es todo lo que necesitas: su poder actúa mejor en la debilidad (ver 2 Corintios 12:9). Cuando eres débil, entonces eres fuerte en el poder del Espíritu. Llega un momento en el que Dios hace retroceder todo lo que se ha levantado contra ti. Su Palabra promete: «El Señor mismo peleará por ustedes. Solo quédense tranquilos» (Éxodo 14:14).

Por su gracia eres salvado. Por sus heridas eres sanado. Por su amor eres transformado. Mi amigo, tu milagro desordenado ya ha comenzado. Así que limpia el barro. Abre tus ojos. Cambia tu perspectiva a lo eterno.

¡Y mira lo que Dios hará!

ABRE TUS OJOS

Al concluir nuestra exploración de los milagros desordenados, utiliza las preguntas que aparecen a continuación para facilitar un tiempo de revisión y reflexión. Considera cómo veías las cosas antes de empezar a leer este libro y compáralas con cómo las ves ahora. Mientras dedicas un tiempo a la oración, pide a Dios que siga abriendo los ojos de tu corazón a las realidades espirituales que te rodean. Permite que el Espíritu Santo te guíe para que camines por la fe mientras miras más allá de lo que tus ojos mortales pueden ver. Por último, dale a Dios gracias y alabanzas por cómo estás creciendo en su Espíritu, confiado en la buena obra que Él está completando en tu vida.

1. ¿Qué verdad, tema o gran idea ha abierto Dios tus ojos para ver a través del proceso de lectura de este libro? ¿Cómo fortalece esto tu fe en Dios y en lo que Él está haciendo en tu vida?

2. ¿Quiénes son los miembros del Salón de la Fama de la Fe de la Biblia que más te inspiran y animan? ¿Cómo te ayudan sus ejemplos a caminar por la fe y no por la vista?

3. ¿Cuál es el milagro desordenado que confías que Dios realice en tu vida? ¿Cómo lo ves obrar a pesar del barro que oscurece tu visión?

Querido Dios, has abierto mis ojos a muchas cosas mientras continúo mi viaje de fe. Al mirar hacia atrás, gracias por permitirme ver las muchas maneras en que me has sostenido, provisto, protegido y guiado a través de los picos y valles de mi vida. *Que mantenga mis ojos fijos en Jesús mientras me ayudas a ver todo lo que quieres que haga a través del poder de tu Espíritu. Dame paciencia, Señor, para confiar en ti y aceptar tu tiempo. Te doy todas las gracias y alabanzas por el desordenado milagro que estás haciendo en mi vida ahora mismo. Gracias por todo lo que me has enseñado y mostrado a través de estas páginas. En el nombre de Jesús, Amén.*

Notas

Capítulo 1 A ciegas
1. «Infant Vision: Birth to 24 Months of Age», *AOA.org*, 2022, https://www.aoa.org/healthy-eyes/eye-health-for-life/infant-vision?sso=y#:~:text=Eye%2Dhand%20coordination%20begins%20to,or%20other%20person%20near%20them.

Capítulo 2 Bendice tu desorden
1. Ohio State University, «This is Your Brain Detecting Patterns,», *ScienceDaily.com*, 31 de mayo, 2018, https://www.sciencedaily.com/releases/2018/05/180531114642.htm.

Capítulo 4 Saliva sagrada
1. «What is DNA», *MedlinePlus.gov*, 2021, https://medlineplus.gov/genetics/understanding/basics/dna/.
2. Robert Matthews, «Who Really Discovered DNA?», *ScienceFocus.com*, 2022, https://www.sciencefocus.com/science/who-really-discovered-dna/.
3. Juan 14:16," *StudyLight.org*, 2022, https://www.studylight.org/commentary/john/14-16.html.

Capítulo 5 Pasteles de barro
1. «Agriculture and Rural Life», *ExplorePAHistory.com*, 2019, https://explorepahistory.com/story.php?storyId=1-9-4.
2. Puedes encontrar información sobre este mercado agrícola en https://eastonfarmersmarket.com/.
3. Emma Baldwin, «Mary, Mary Quite Contrary», *PoemAnalysis.com*, 2022, https://poemanalysis.com/nursery-rhyme/mary-mary-quite-contrary/.

Capítulo 6 Doblemente ciego
1. Scott Draves, «Double Blind», *Edge .org* , 2017, https://www.edge.org/responsedetail/27146.

2. «Subject Bias», *Dictionary.APA.org*, 2022, https://dictionary.apa.org/subject-bias.

Capítulo 7 Lávate

1. Biblical Archaeology Society Staff, «The Siloam Pool: Where Jesus Healed the Blind Man», *BiblicalArchaeology.org*, el 31 de agosto de 2021, https://www.biblicalarchaeology.org/daily/biblical-sites-places/biblical-archaeology-sites/the-siloam-pool-where-jesus-healed-the-blind-man/.

Capítulo 8 Vuelve a mirar

1. Elizabeth Segran, «The Volume of the Problem is Astonishing»: Amazon's Battle Against Fakes May Be Too Little, Too Late», *FastCompany.com*, el 17 de mayo de 2021, https://www.fastcompany.com/90636859/the-volume-of-the-problem-is-astonishing-amazons-battle-against-fakes-may-be-too-little-too-late.

2. *Ibíd.*

Capítulo 9 Identidad no secreta

1. «Abram», *BibleStudyTools.com*, 2022, https://www.biblestudytools.com/dictionaries/eastons-bible-dictionary/abram.html.

Capítulo 10 Punto de vista

1. Hollywood Chamber of Commerce, «2023 Selection», *WalkOfFame.com*, 2022, https://walkoffame.com/nomination-procedure/.

2. *Ibíd.*

Samuel Rodriguez es presidente de la Conferencia Nacional de Liderazgo Cristiano Hispano (NHCLC por su siglas en inglés), la mayor organización cristiana hispana del mundo, con más de 42.000 iglesias en Estados Unidos y muchas otras repartidas por la diáspora de habla hispana. Rodriguez es reconocido por CNN, Fox News, Univisión y Telemundo como el líder de fe latino/hispano más influyente de Estados Unidos. La revista *Charisma* lo nombró uno de los cuarenta líderes que cambiaron el mundo. El *Wall Street Journal* lo nombró uno de los doce líderes latinos más importantes, y fue el único líder religioso en esa lista. Ha sido nombrado entre los «100 principales líderes cristianos de Estados Unidos» (*Newsmax* 2018) y nominado como una de las «100 personas más influyentes del mundo» (*Time* 2013). Rodriguez aparece regularmente en CNN, Fox News, Univisión, PBS, *Christianity Today*, el *New York Times*, el *Wall Street Journal* y muchos otros medios de comunicación.

Rodriguez fue el primer latino en pronunciar el discurso principal en el Servicio Conmemorativo anual de Martin Luther King Jr. en la Iglesia Bautista Ebenezer, y ha recibido el Premio de Liderazgo Martin Luther King Jr. presentado por el Congreso de Igualdad Racial.

El reverendo Rodriguez ha asesorado a los expresidentes estadounidenses Bush, Obama y Trump, y suele consultar con el Congreso sobre el avance de la reforma de la inmigración y la justicia penal, así como sobre la libertad religiosa y las iniciativas provida. Por la gracia de Dios, el reverendo Samuel Rodriguez es una de las pocas personas que ha participado en las ceremonias de investidura de dos presidentes diferentes que representan a ambos partidos políticos.

En enero de 2009, el pastor Sam leyó el Evangelio de Lucas para el servicio matutino de toma de posesión del Sr. Obama en Saint John's Episcopal Church. El 20 de enero de 2017, en la toma de posesión del Sr. Trump, con más de mil millones de personas observando desde todo el mundo, el pastor Sam se convirtió en el primer evangélico latino en participar en una ceremonia de toma de posesión presidencial de Estados Unidos, donde leyó Mateo 5 y concluyó con «¡En el nombre de Jesús!».

En abril de 2020, el reverendo Rodriguez fue nombrado miembro de la Comisión Nacional de Recuperación del Coronavirus para ofrecer experiencia y conocimientos especializados en la mitigación de crisis y la recuperación para ayudar a los líderes nacionales, estatales y locales a guiar a Estados Unidos a través de la pandemia de COVID-19.

Rodriguez es el productor ejecutivo de dos películas: *Breakthrough* («*Un amor inquebrantable*»), ganadora del premio Dove de la GMA a la Película Inspiradora del Año, con una nominación al premio de la Academia a la mejor canción original, y *Flamin' Hot*, en asociación con Franklin Entertainment y 20th Century Fox. También es cofundador de TBN Salsa, una red internacional de televisión cristiana, y es autor de *You Are Next* («*Usted es el próximo*»), *Shake Free, Be Light* («*Ser luz*») —un *best seller* número uno del *L.A. Times*— y *From Survive to Thrive*, un *best seller* número uno de Amazon.

Obtuvo su maestría en la Universidad de Lehigh y ha recibido doctorados honoríficos de Northwest, William Jessup y la Universidad Bautista de las Américas.

Rodriguez es el pastor principal de la Iglesia New Season, una de las megaiglesias de más rápido crecimiento en Estados Unidos y el número trece en la lista de las 50 mejores megaiglesias de Estados Unidos de Newsmax, con sedes en Los Ángeles y Sacramento, California, donde reside con su esposa, Eva, y sus tres hijos.

Para más información, visite

www.PastorSam.com

⊙ RevSamuelRodriguez

◙ @pastorsamuelrodriguez

○ @nhclc